수많은 극장의 도시이자 그 자체로 하나의 극장이 되어버린 도시
페테르부르크를 예술과 문화로 읽는다.

“페테르부르크는 유럽의 다른 모든 도시들과 유사하기 때문에
그 모든 도시들과 다르다” -게르첸

“표트르 대제와 그의 계승자들은 자신들의 수도를
극장이라고 생각한 것 같다” -드 퀴스탱

“전 세계에서 가장 추상적이고 계획적인 도시” -도스토옙스키

페테르부르크, 막이 오른다

1판 1쇄 펴냄 2021년 2월 23일
1판 2쇄 펴냄 2022년 4월 1일
디자인 강초록
제작 북팩토리

펴낸이 박진희
펴낸곳 ㈜파롤앤
출판등록 2020년 9월 10일 (제2020-000195호)
주소 서울시 서초구 서초대로 396, 217호
이메일 parolen307@parolen.co.kr

ISBN 979-11-973173-1-6 03600

페테르부르크, 막이 오른다

김주연 지음
김병진 그림

파롤앤

프롤로그

'무대'의 키워드로 바라본 도시 ○

러시아의 수도는 모스크바지만, 내게 러시아 하면 가장 먼저 떠오르는 도시는 언제나 페테르부르크다. 여기엔 몇 가지 이유가 있는데, 일단 가장 오래 머무른 도시이기도 하고 좋아하는 예술가들이 대부분 페테르부르크 출신이기도 하지만, 무엇보다 이곳은 내 인생을 바꾼 도시이기 때문이다. 러시아 문학을 전공하면서도 한 번도 연극을 본 적 없는 연극 무식쟁이였던 내가 졸업 후 연극 기자로 일하고 공연 칼럼을 쓰고 연극학으로 박사까지 따게 된 데에는 무엇보다 이 도시의 영향이 컸다.

대학 시절, 이 도시에서 처음 만난 공연들은 그때까지 경험하지 못했던 새로운 세계를 열어주었고, 그 압도적인 아름다움에 홀린 나는 밤마다 극장들을 순례하며 긴긴밤을 지새우곤 했다. 몇몇 공연은 보고 나서 도저히 바로 집에 갈 수 없어 백야의 밤거리를 한참 헤매면서 "이 감동은 대체 어디서 오는 건가"하는 고민에 빠지곤 했는데, 아무리 생각해도 답을 찾을 수 없었다. 아마도 그 궁금증과 호기심이 결국 연극을 공부하고, 공연 현장에서 일하게 만든 원동력이었던 듯하다. 그리고 그 영향이 꽤 오래 이어져 이렇게 '무대'라는 키워드로 이 도시를 소개하는 책까지 쓰게 되었다.

그런데 왜 하필 '무대'인가. 일단 페테르부르크에는 정말 극장이 많다. 클래식, 오페라, 발레, 연극, 인형극, 서커스에 이르기까지 수많은 공연들이 매일 무대에 오르며 러시아의 긴긴밤을 환하게 밝힌다. 이곳에서 만난 공연들의 찬란한 아름다움이 나를 공연예술의 세계로 이끌었다면, 도시 곳곳에서 느낀 묘하게 연극적인 분위기는 이후 오랫동안 내 마음을 사로잡으며 '무대'라는 화두를 심어놓았다. 당시에는 잘 몰랐지만, 후에 러시아의 역사와 예술사를 깊이 공부하고 난 뒤에 비로소 이 도시가 하나의 거대한 극장처럼 여겨진 이유를 깨달을 수 있었다.

18세기 '유럽을 향한 창'을 내세우면서 표트르 대제에 의해 인위적으로 만들어진 이 도시는 처음부터 하나의 예술 작품처럼 설계되었다. 궁전과 성당, 건물과 운하에 이르기까지 이 도시의 건축적 지향점은 오직 하나, '유럽적인 것'이었다. 덕분에 온갖 유럽적인 풍경이 도시의 외관을 수놓게 되었지만, 실제로 이곳은 유럽이 아닌 러시아다. 러시아 작가 게르첸은 "페테르부르크는 유럽의 다른 모든 도시들과 유사하기 때문에 그 모든 도시들과 다르다"라고 썼다. 바로 이 간극에서 오는 묘한 부조화와 이중적인 정체성이 도시를 하나의 거대한 무대처럼 느끼게 만드는 것이다.

이에 대해서는 이미 수많은 사람들이 지적한 바 있는데, 19세기의 여행작가 드 퀴스탱은 "표트르 대제와 그의 계승자들은 자신들의 수도를 극장이라고 생각한 것 같다"라고 썼고, 도스토옙스키는 『지하 생활자의 수기』에서 이곳을 "전 세계에서 가장 추상적이고 계획적인 도시"라고 묘사했다. 역사학자인 올랜도 파이지스는 페테

센나야 광장 지하철역에 새겨진 도시의 이름 변천사

르부르크에 대해 "러시아인을 유럽인으로 개조하기 위한 거의 유토피아적인 방대한 문화 공학 계획"이라 일컬은 바 있으며, 러시아 문학자인 석영중은 이 도시를 "유럽이라는 이름의 배우가 최장기 공연을 하고 있는 극장"이라고 은유했다.

이렇듯 태생부터 연극적이었던 도시 페테르부르크는 이후 긴 세월의 흐름 속에서 또 다른 의미의 '극적인' 역사를 갖게 되었다. 제정 러시아의 화려한 황실문화가 이곳에서 꽃피었고, 위대한 예술가들이 눈부신 금자탑을 쌓았는가 하면, 피로 물든 러시아 혁명 또한 바로 이곳에서 시작되었다. 너무나 상반되는 요소들이 공존해 온

이 도시는 바로 그러한 극적인 대조 속에서 스스로의 정체성을 끊임없이 바꾸어 왔으며, 그 흔적은 이 도시가 지닌 여러 개의 이름에서 다시 한번 확인할 수 있다.

1703년 표트르 대제에 의해 표트르의 도시란 뜻인 '상트페테르부르크'로 명명된 이 도시는 1914년 독일과의 전쟁 중에 독일식 이름인 '부르크'를 버리고 러시아식 이름인 '그라드'를 붙여 '페트로그라드'로 다시 태어난다. 1924년에는 레닌의 도시란 뜻인 '레닌그라드'로 명칭이 바뀐 뒤 소비에트 시절 내내 이렇게 불렸고, 1991년 소비에트가 무너지면서 다시 원래대로 상트페테르부르크란 이름을 되찾게 되었다.

이처럼 여러 번 이름을 바꿔가며 황제의 도시에서 전쟁의 도시, 혁명의 도시로 탈바꿈해 온 페테르부르크는 그 자체로 마치 배역을 달리하며 여러 역할을 연기하는 배우와 같은 인상을 준다. 한편 러시아 사람들은 상트페테르부르크라는 긴 이름 대신 페테르부르크, 혹은 피테르라는 호칭을 더 자주 쓰곤 하는데, 이 책에서는 편의상 '페테르부르크'로 통일해서 부르기로 한다.

이 책은 크게 두 부분으로 구성되어 있다. 둘 다 '무대'라는 키워드로 이어져 있지만, 각각 지칭하는 무대의 의미는 조금 다르다. 1부 '도시 속의 무대'에서 무대는 물리적인 의미의 극장이다. 페테르부르크의 유서 깊은 극장들, 무대예술과 관련이 깊은 박물관 등 이 도시에서 만날 수 있는 각종 무대 공간에 초점을 맞췄다. 2부 '무대로서의 도시'에서 무대는 추상적이고 상징적인 의미의 무대이다. 수많은 예술 작품의 배경으로, 또 드라마틱한 역사적 사건의 주요 현장으로 페테르부르크가 축적해 온 문화사적 의미를 통해 이 도시가 지닌 무대로서의 역할에 주목했다.

여러모로 부족한 글이지만, 오랫동안 이 도시를 생각할 때마다 함께 떠올렸던 '무대'를 주제로 책을 쓸 수 있어서 많이 행복했다. 러시아 예술의 치열한 아름다움을 처음 깨닫게 해주시고 이 끝없는 매혹의 나라를 깊이 이해하고 사랑할 수 있도록 이끌어주신 석영중 선생님께 진심으로 감사의 말씀을 드리고 싶다. 선생님께서 틈틈이 책을 쓰라고 독려해주신 덕분에 용기를 낼 수 있었고, 귀한 추천사까지 보내주셨다. 무대와 무대 너머의 연극을 바라보는 시선을 길러주신 김방옥 선생님께도 마음 깊이 감사드린다. 러시아와 연극이라는 두 세계에서 두 분을 은사로 모실 수 있었던 것은 정말 행운이었다. 러시아 사진이 필요할 때마다 바로바로 찍어서 보내준 페테르부르크의 친구들, 박주연과 김인경에게도 고맙다. 또 선뜻 출판을 결정하고 격려해주신 박진희 대표님과 멋진 그림을 그려준 김병진 님을 비롯해 이 책이 나올 수 있도록 도와주시고 마음 써주신 모든 분께 진심으로 감사의 마음을 전한다.

2020년 겨울, 김주연

차례

도시 속의 무대

무대로서의 도시

3장. 예술 작품의 무대

4장. 역사적 사건의 무대

페테르부르크는 극장의 도시다. 하루도 공연이 올라가지 않는 날을 찾기 힘들다. 이 장에서는 이 도시에서 놓치면 아쉬울 주요 극장과 무대 공간을 소개한다. 먼저 발레, 클래식, 연극, 카바레 극장 등 페테르부르크의 유서 깊은 극장들을 역사적 의미와 함께 살펴본다. 다음으로는 극장만큼 빼곡하게 들어서 있는 이 도시의 박물관 중 극장 및 무대와 관련이 깊은 공간을 골라 소개한다.

도시 속의 무대。

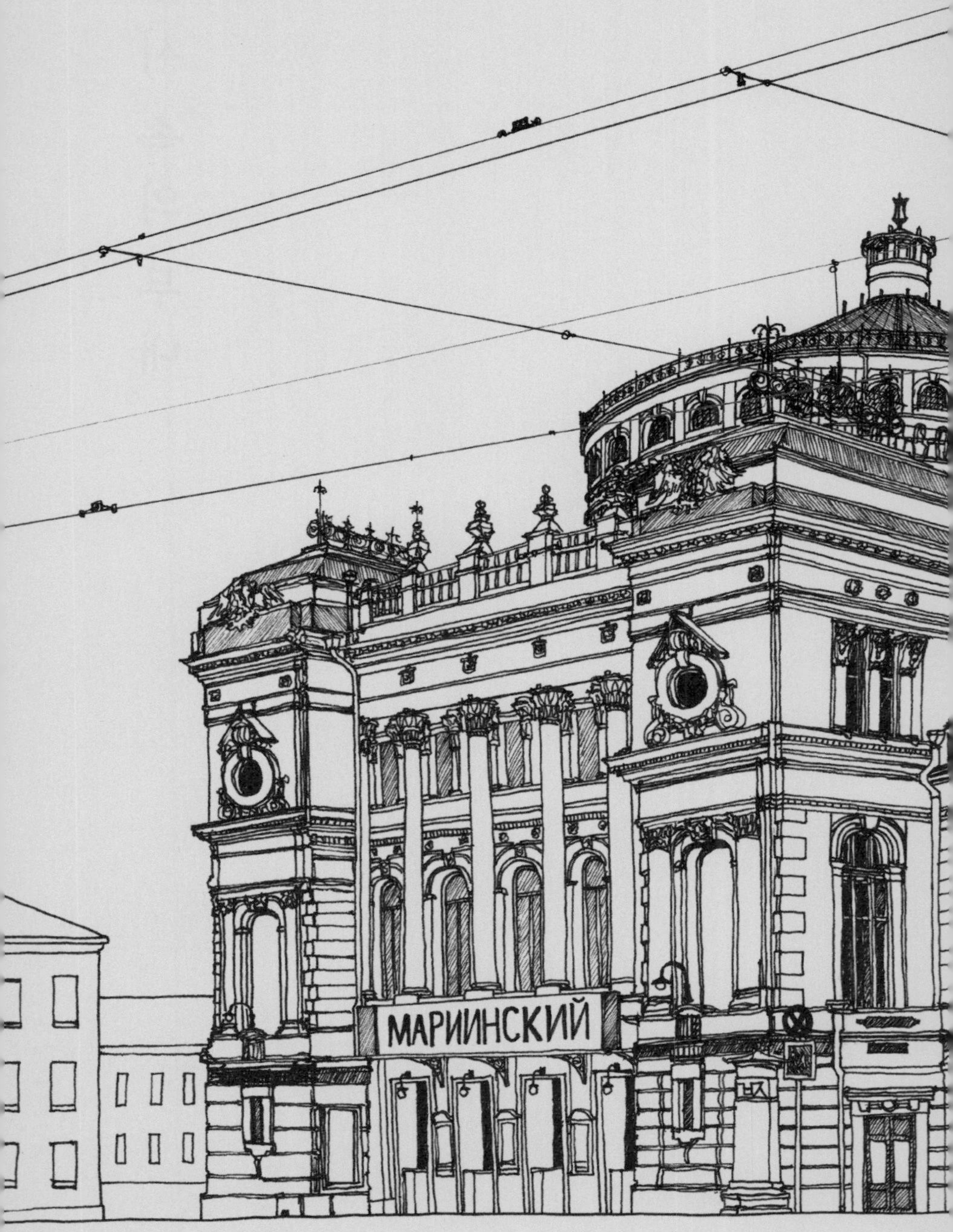
МАРИИНСКИЙ

공연예술 1번지, 마린스키 극장

1장. 페테르부르크의 유서 깊은 극장들 ○

마린스키 극장 Мариинский театр

○ 지상으로 내려온 백야의 별들

6월부터 8월까지 페테르부르크의 밤거리는 가로등 없이도 어둡지 않다. 눈이 부시도록 환하지는 않지만, 온 도시를 비추는 백야의 반투명한 빛이 네바강의 물안개와 함께 신비하고도 몽환적인 분위기를 만들어낸다. 이러한 백야 기간에는 한밤중에도 별을 보기가 힘든데, 밤하늘 자체가 어둡지 않으니 환한 빛을 내고 있는 별들을 구별하기가 어려운 것이다. 이 시기에 페테르부르크의 별은 하늘이 아니라 지상에서 만날 수 있다. 백야 기간 동안 마린스키 극장에서 펼쳐지는 <백야의 별들 페스티벌>에서 이 도시를, 나아가 세계무대를 빛낸 눈부신 아티스트들을 한꺼번에 만나볼 수 있기 때문이다.

환한 밤을 더 환하게

실제 주소도 '극장 광장 1번지'인 마린스키 극장은 그 자체로 페테르부르크 공연의 현주소이자, 이곳의 무대예술을 대표하는 극장 1번지라 할 수 있다. 마린스키는 발레, 오페라 전문극장으로 두 장르가 번갈아 가며 무대에 오르지만, 아무래도 러시아 역사와 언어

극장 광장 1번지 마린스키 극장(구관)

가 낯선 외국인들에게는 발레가 훨씬 가깝고 친숙하게 느껴질 것이다. 실제로 러시아 발레는 러시아 공연예술의 정수이자 자부심이며, 해외에 수출하거나 관광객을 끌어모으는 최고의 문화상품이다. 냉전 기간에는 자유주의 진영에 소비에트 예술의 위상을 자랑하는 문화외교의 선봉에 서기도 했다. 지금도 전 세계 유명 발레단의 수석 무용수 중엔 러시아 출신이 꼭 한두 명씩 들어 있으며, 고전 레퍼토리의 대부분은 러시아에서 만들어진 클래식 발레로 채워져 있다.

아무리 발레에 관심이 없는 사람이라도 <백조의 호수>나 <호두까기 인형> <잠자는 숲속의 미녀> 정도는 들어보았을 것이다. 고전 발레라는 장르 자체를 대표하게 된 이 작품들이 모두 이곳, 페테르부르크의 마린스키 극장에서 만들어지고 초연되었다. 또한 세계 발레사를 빛낸 수많은 무용수들이 바로 이 무대에서 전성기를 누렸다. 고전 발레를 사랑하는 모든 이들에게 마린스키 극장은 그 자체로 역사와 전설의 무대이다. 지금도 전 세계의 고전 발레 마니아들은 성지를 순례하듯 설레는 마음으로 이곳 마린스키 극장을 찾곤 한다.

러시아 발레의 양대 산맥

러시아 발레의 양대 산맥은 페테르부르크의 마린스키 발레와 모스크바의 볼쇼이 발레다. 사실 두 발레단은 각각 제정 러시아 시대와 소비에트 시기에 최고의 부흥기를 맞이했다는 점만 다를 뿐, 주요 레퍼토리나 무용수들의 기량에서는 큰 차이를 찾아보기 힘들다. 다만 각 발레단과 극장이 위치한 도시의 특징과 역할에 따라 조금씩 다른 역사를 밟아왔고, 그에 따라 고유한 레퍼토리를 몇 개씩 가지고 있다.

볼쇼이 발레의 경우, 현재 러시아의 수도이자 정치경제의 중심지인 모스크바에 기반을 둔 발레단이다. 모스크바에서도 정치적 핵심이라 할 수 있는 크렘린 가까이에 위치한 볼쇼이 극장은 소비에트 시기부터 해외 귀빈들이 단골로 찾는 중요한 곳이었다. 또한 소비에트 시절 해외에 파견되어 러시아의 예술성을 과시하는 문화대사 역할을 도맡은 덕에 외국인에게는 상대적으로 더 친숙한 이름이기도 하다. 당시 볼쇼이 발레단은 '러시아의 비밀무기'라 칭해질 정도로 국가적 위상이 높았으며, 소비에트 시절에는 사회주의 이념을 담은 발레 레퍼토리를 공연하기도 했다.

한편 마린스키 발레는 러시아의 예술 수도라 할 수 있는 페테르부르크를 기반으로 하고 있다. 19세기 중반에 알렉산드르 2세의 명으로 세워진 마린스키 극장은 제정 러시아 시대를 대표하는 최고 수준의 공연예술을 선보였으며, 황실과 귀족의 지속적인 후원 아래 전설적인 안무가와 무용수, 작품들을 꾸준히 배출한 러시아 발레의 요람이다. 소비에트 시절에는 볼셰비키 지도자의 이름을 따서 '키로프 극장'으로 불리다가 소련 해체 이후 옛 이름을 되찾았다. 마린스키 극장 맞은편에는 페테르부르크 음악원으로 불리기도 하는 림스키-

코르사코프 음악원이 마주 보고 있다. 글라주노프와 차이콥스키, 프로코피예프 등 러시아를 대표하는 음악가들을 배출한 유서 깊은 음악학교인데, 이들 모두 고전 발레를 대표하는 작품을 작곡했다는 점에서 마린스키 극장과도 깊은 인연을 지니고 있다.

황실의 예술이자 인민의 예술

사실 발레는 프랑스 궁정에서 시작된 예술이다. 표트르 대제가 러시아의 유럽화를 선언하고, 유럽에 가까운 페테르부르크로 수도를 옮길 때까지 러시아에는 발레라는 것이 아예 없었다. 러시아 황실과 귀족사회가 프랑스 문화를 적극 받아들이는 과정에서 발레도 처음 러시아에 소개된 것이다. 당연히 초기에는 프랑스의 안무가와 무용수들이 초청되어 발레의 기반을 닦았으나 곧 러시아인들이 이어받아 자기들만의 예술세계를 꽃피웠다. 전설적인 안무가 프티파와 차이콥스키의 합작으로 <백조의 호수> <호두까기 인형> <잠자는 숲속의 미녀> 등 이른바 차이콥스키 3대 발레가 완성되었고, 이 외에도 <라 바야데르> <라이몬다> 등 고전 발레의 간판 레퍼토리들이 모두 이 시기 마린스키 극장에서 탄생했다.

러시아 발레의 탄생지이자 고전 발레의 전성기를 꽃피웠던 마린스키 극장은 혁명 이후 잠시 그 명성을 내려놓게 된다. 볼셰비키는 제정 러시아의 심장인 페테르부르크(당시는 페트로그라드)를 좋아하지 않았다. 1918년 수도를 모스크바로 옮긴 볼셰비키는 정부 차원에서 볼쇼이 극장을 키웠고, 소련을 대표하는 발레단으로 볼쇼이를 내세웠다. 마린스키(당시는 키로프) 극장은 여전히 가장 뛰어난 무용수들을 키워내고 아름다운 작품들을 만들었지만, 국가 행사나 외교사절은 볼쇼이가 도맡게 되었다. 하지만 아이러니하게도 이런 이유로 마린스키는 종종 이데올로기를 내세운 작품을 상연해

2013년 개관한 마린스키 신관 무대

야 했던 볼쇼이와 다르게, 고전 발레의 순수한 전통을 고집스레 지킬 수 있었다.

한 가지 흥미로운 것은 러시아 발레가 제정 러시아와 소비에트라는 상반된 시기 모두를 대표하는 예술이었다는 사실이다. 황실과 귀족의 절대적인 후원 속에 궁정예술로 성장해 온 발레는 프롤레타리아 혁명의 정신에 따르자면 가장 먼저 타도되어야 할 대상이었다. 그러나 역설적으로 발레는 혁명과 소비에트 시절에도 가장 인기 있고 중요한 예술로 살아남았고, 심지어 소련을 대표하는 공식 예술로 여겨지기까지 했다.

소련 시대에 발레가 발전할 수 있었던 가장 큰 이유는 외교적인 성과였다. 볼쇼이와 키로프 발레단의 순회공연은 가는 곳마다 엄청난 인기를 끌어모았고, 소련은 이를 자신들이 서구보다 문화적으로 우월하다는 증거로 과시했다. 자본주의 국가에서 아무리 돈을 쏟아부어도 사회주의의 중심이자 발레 종주국인 소련을 이길 수 없다는 것이 그들의 자랑이자 자부심이었던 것이다.

한편으로 발레는 궁정예술이지만 동시에 평범한 인민들이 가장 다가가기 쉬운 예술이었다. 연극이나 오페라같이 어렵지도 않고, 음악처럼 추상적이지도 않았다. 단순한 스토리와 화려한 무대, 그리고 무용수들의 아름답고 우아한 춤. 발레는 문맹인 노동자들부터 러시아어를 모르는 외국인들까지 모두가 쉽고 편안하게 감상할 수 있는 열린 예술이었던 것이다. 그것이 소비에트의 서슬 퍼런 세월 속에서도 발레가 꾸준히 살아남고 발전할 수 있었던 요인 중 하나였다. 그리고 이는 이념의 시대가 끝난 오늘에도 유효하다. 예술에 별 관심이 없는 사람이나 러시아어를 전혀 모르는 관광객도 마린스키나 볼쇼이의 발레를 보고서는 그 정교함과 아름다움에 감탄을 금치 못한다. 지금도 발레는 러시아 예술의 위상을 드높이는 자부심이자 예술산업의 핵심인 것이다.

마린스키 제국의 차르

현재 페테르부르크에는 마린스키 구관과 2013년에 개관한 마린스키 신관, 그리고 음악회 전용인 마린스키 콘서트홀까지 세 개의 극장이 걸어서 5분 거리에 위치하고 있다. 또 최근에는 블라디보스토크와 블라디카프카즈에도 마린스키 지점(?)을 세워서 운영 중인데, 최근 러시아 정부의 관심이 경제특구인 러시아 극동 지역(블라디보스토크)과 유전이 있는 카프카즈 지역(블라디카프카즈)에 쏠려있음을 생각할 때, 이 두 지역을 개발하기 위한 문화 전초기지로서 마린스키 극장의 위상과 중요성을 새삼 실감할 수 있다.

그러나 뭐니 뭐니 해도 마린스키의 심장은 역시 페테르부르크에 있는 구관과 신관이다. 두 극장이 1년 365일 동안 거의 매일, 때로는 하루에 두 번씩 화려한 세트를 바꾸어 올리면서 전 세계 오페라와 발레 팬들의 관심과 돈을 끌어모은다. 공연 티켓뿐만 아니라

운하로 연결된 마린스키 구관과 신관

공연장에서 파는 프로그램 북과 기념품, 쉬는 시간마다 끝이 보이지 않을 정도로 줄을 서는 극장 내 카페의 식음료 사업까지 생각하면, 대체 이 거대한 왕국에서 벌어들이는 돈이 얼마일지 상상이 안 될 정도다.(참고로 마린스키 극장 내 카페에서 파는 케이크와 디저트는 유난히 맛있어서 가끔은 공연보다도 이 케이크가 먹고 싶어서 극장에 가고 싶을 때가 있다.)

하나의 극장이라기엔 이미 너무나 거대한 규모의 왕국이 되어버린 마린스키 제국의 일인자는 바로 예술감독 발레리 게르기예프다. 러시아를 대표하는 지휘자이기도 한 게르기예프는 소련 붕괴 이후, 다시 고전 발레의 중심지로서 위상을 되찾은 마린스키 극장을 현재의 어마어마한 규모로 확장, 발전시킨 장본인이며 특유의 카리스마와 엄청난 에너지로 '마린스키의 차르'라 불린다. 실제로 게르기예프가 지휘봉을 잡는 날이면, 무대와 객석 모두 공기의 밀도와 긴장감이 다르게 느껴질 정도다.

별들의 전쟁과 별들의 축제

그러나 아무리 극장이 많아지고 예술감독의 카리스마가 뛰어나다 해도, 결국 마린스키의 빛나는 전통과 명성을 만들고 이어가는 것은 무대 위 무용수들의 압도적인 테크닉과 아름다움이다. 전설적인 발레리나 안나 파블로바부터 소련의 간판스타 갈리나 울라노바, 망명 무용수로 유명해진 루돌프 누레예프와 미하일 바리시니코프, 2000년대 최고의 발레리나로 손꼽히는 울리야나 로파키나에 이르기까지, 그야말로 별처럼 빛나는 전설의 무용수들이 마린스키 무대의 역사와 오늘을 만들었다. 그리고 현재 한국의 발레리노 김기민이 이 위대한 마린스키 선배들의 계보를 이으며 러시아 발레와 한국 발레의 위상을 동시에 떨치고 있다.

발레는 객석에서 보기에는 그저 아름답고 환상적인 세계지만, 실제 무대 뒤는 쉼 없는 연습과 잦은 부상, 그리고 치열한 경쟁이 냉혹하게 펼쳐지는 리얼한 현실이다. 전 세계에서 모여든 단원들이 인생을 건 무한 경쟁을 펼치고, 매 공연 주연 및 단역 출연을 위한 오디션과 까다로운 승급시험을 거쳐야 하는 이 무시무시한 세계에서 당당히 수석 무용수로 활약 중인 김기민의 행보는 그래서 더 놀랍고 자랑스럽다. 러시아 발레의 성지(聖地)로서 자부심이 워낙 크기에, 외국 무용수들에게 다소 폐쇄적으로 비치기도 했던 마린스키에서 이 정도의 초고속 승급은 유례를 찾아보기 어려울 정도다. 덕분에 최근 마린스키를 찾는 한국 관광객들과 발레 마니아들의 자부심도 어느 때보다 반짝이고 있다.

하지만 마린스키를 빛내는 주인공은 스포트라이트를 받는 주역 무용수들에 국한된 것만은 아니다. 밤하늘의 별들도 제각기 밝기 등급이 다르지만 그 모두가 어우러져 아름다운 밤하늘을 만들어내듯이, 마린스키의 빛나는 무대 역시 수석 무용수부터 조역, 단역, 군무에 이르는 수많은 무용수들, 수많은 낮과 밤을 오직 무대와 연습실에서 지새우는 이들 모두가 함께 이루어내는 장관이다. 그런 의미에서 마린스키가 자랑하는 <백야의 별들 페스티벌>은 이 크고 작은 별들 모두에 의한, 그리고 그들 모두를 위한 축제라 할 수 있을 것이다.

페테르부르크 필하모니 홀 Большой зал

○ 러시아 음악의 집

베를린 필하모닉, 빈 필하모닉, 뉴욕 필하모닉, 암스테르담 콘세르트헤보우 등 문화예술로 유명한 도시들에는 그 도시를 대표하는 관현악단이 반드시 있고, 그 악단의 이름에는 언제나 그들의 도시명이 자랑스럽게 새겨져 있다. 페테르부르크 역시 드미트리 쇼스타코비치 페테르부르크 아카데믹 필하모니(이하 페테르 필)라는 길고 장엄한 이름의 관현악단을 보유하고 있다. 러시아 전체에서 가장 오래된 악단이기도 한 페테르 필은 볼쇼이 잘(그랜드 홀)과 말리 잘(스몰 홀)이라는 두 개의 음악 홀에서 크고 작은 연주회를 이어가고 있는데, 그중 메인 공연장이라 할 수 있는 볼쇼이 잘은 200년 가까이 러시아 음악의 역사적이고 찬란한 순간들을 함께해 온, 러시아 음악의 본향이라 할 수 있다.

전설 같은 음악의 순간들

페테르부르크 최대 중심가인 넵스키 대로에서 살짝 옆길로 빠지면, 시적인 포즈로 한쪽 팔을 벌리고 서 있는 러시아의 국민 시

페테르 필의 메인 무대인 볼쇼이 잘

인 푸시킨 동상을 발견하게 된다. 종종 비둘기 똥을 맞아 민망한 모습이긴 하지만, 그럼에도 여전히 포토존으로 사랑받는 이 동상 주위에 작은 공원이 펼쳐져 있는데 그 이름조차 낭만적인 '예술광장'이다. 실제로 이 동상 뒤로는 천년의 러시아 미술을 품고 있는 러시아 미술관이 버티고 있고, 좌우로 발레, 오페라 전용 극장인 미하일롭스키 극장과 음악 홀인 볼쇼이 잘이 위용 있게 서 있으니 '예술광장'이란 이름이 이보다 잘 어울리는 곳도 찾기 어려울 것이다.

푸시킨 동상을 마주했을 때 오른쪽 건물이 바로 페테르 필의 전용 연주장인 볼쇼이 잘이다. 의외로 소박한 외관 덕분에 어디가 입구인지 찾기 힘들긴 하지만, 널찍한 계단을 올라 홀에 발을 들여놓는 순간 눈이 동그래진다. 곧 무도회라도 열릴 듯 화려하게 빛나는 샹들리에와 거대한 크림색 기둥들, 그리고 새빨간 빌로도 의자들이 편안하기보다는 눈이 부실 정도의 강렬한 인상으로 청중을 압도하는 공간. 바로 여기가 러시아 음악사의 전설 같은 순간들이 펼쳐진 볼쇼이 잘이다.

1893년, 이 무대에서 차이콥스키가 마지막 작품인 교향곡 6번 <비창>의 초연을 직접 지휘했고 그로부터 9일 후 임종을 맞이했다. 초연 당시에는 그다지 좋은 평가를 받지 못했으나, 차이콥스키의 장례식이 끝난 뒤 다시 이 무대에서 연주된 <비창> 교향곡은 한 위대하고 불운했던 작곡가를 추모하는 진혼곡처럼 울려 퍼지며 사람들의 마음과 영혼을 울렸다.

1937년에는 역시 이 무대에서 쇼스타코비치의 최대 걸작 중 하나인 교향곡 5번이 레닌그라드 필(소련 시기 페테르 필의 공식 명칭)에 의해 초연되었다. 폭풍 같은 마지막 악장이 끝난 뒤, 볼쇼이 잘은 숨 막힐 듯한 긴장과 박수, 눈물과 휘파람 소리가 뒤섞인 아수라장이었다. 누군가는 "이것은 음악이 아니다. 고압으로 팽팽하게 긴장된 전류다"라 평했고, 이 한 곡으로 쇼스타코비치는 소비에트 음악을 대표하는 상징이 되었다. 그뿐만 아니라 제2차 세계대전 시기, 치열하고 참혹했던 레닌그라드 봉쇄 기간 중 가장 드라마틱한 방식으로 초연되었던 그의 교향곡 7번 <레닌그라드> 역시 이 무대와 깊은 연관이 있다(교향곡 7번과 관련해서는 이 책의 3장을 참조). 이처럼 볼쇼이 잘은 그 자체로 하나의 문화유산이라 해도 좋을 만큼 러시아 음악의 역사적인 순간을 함께해 왔다.

우아한 박력의 신사

볼쇼이 잘 건물 외벽에 부조로 장식되어 있는 얼굴은 압도적인 카리스마로 악단의 역량을 끌어 올린, 전설적인 거장 예브게니 므라빈스키다. 50년간 이 악단의 역사를 함께 쓴 므라빈스키는 깐깐해 보

유리 테미르카노프 80세를 축하하는 현수막

이는 인상처럼 한 치의 오차나 실수도 용납하지 않는 엄격한 지휘로 유명했다. 그리고 1988년 그가 세상을 떠난 뒤, 소련 붕괴 직전에 악단을 이어받아 지금까지 전통을 이어오고 있는 인물이 바로 페테르 필의 상임 지휘자 유리 테미르카노프다.

오늘날 페테르부르크 시민의 음악적 자부심은 두 사람으로 대표된다. 마린스키 극장의 발레리 게르기예프와 페테르 필의 유리 테미르카노프. 강력한 카리스마와 흡입력으로 청중을 휘어잡는 게르기예프가 마린스키 제국의 차르이자 영웅이라면, 온화한 미소와 섬세함으로 청중을 사로잡는 페테르 필의 테미르카노프는 영원한 동경과 흠모의 대상이다. 그가 무대에 서는 날이면 늘 어렵게 몸을 이끌고 나가 곱게 싸 온 꽃 한 송이를 건네고는 소녀처럼 환하게 웃으며 돌아서는 할머니 군단(?)을 볼 수 있다. 또 공연 후 내려가는 계단에서는 종종 "오늘 유라(유리의 애칭)가 좀 피곤해 보이네." "그래도 지난달보다는 건강해 보이는데"하는 애정 어린 속삭임도 들려온다. 실제로 현재 80세가 넘은 테미르카노프의 건강은 그다지 좋은 편이 아니라서 가끔 예정된 공연이 취소되기도 하고, 다른 지휘자가 대신 무대에 서는 경우도 종종 있어 팬들을 가슴 졸이게 만들고 있다.

테미르카노프는 지휘봉 없이 맨손으로 지휘하는 것으로도 유명한데, 그래서 페테르 필의 공연 사진에서는 언제나 길고 섬세한 그의 손이 클로즈업되곤 한다. 테미르카노프가 맨손으로 다듬어내는 페테르 필의 음색은 그의 온화한 미소만큼이나 부드러운 품격과 우아한 박력으로 정평이 나 있다. 실제로 테미르카노프와 페테르 필의 연주를 직접 마주할 때면, 단순히 훌륭한 연주를 듣는 데서 오는 음악적 쾌감을 넘어 마음 한구석이 따스해지는 듯한 기분이 들곤 한다. 그리고 그 따스한 음색이 절로 얻어진 것이 아니라 살얼음 같은 시대를 거치며 완성되었다는 사실은 더욱 마음을 숙연하게 만든다. 므라빈스키의 죽음, 페레스트로이카와 소비에트 붕괴, 그리고 거센 자본주의의 문화 잠식까지 바람 잘 날 없는 격변의 시대 속에서도 테미르카노프는 페테르 필과 러시아 음악의 전통을 굳건히 지켜왔다. 그가 지킨 것은 단순히 한 악단이 아니라 페테르부르크의 음악적 자존심이었고, 이를 통해 그는 예술이 이데올로기나 역사보다 강하다는 것을 스스로 증명해낸 것이다.

음악은 정직하다. 거기에는 연주가의 해석이나 기질뿐 아니라 그의 인격까지도 고스란히 배어난다. 므라빈스키 사후 한동안 페테르 필은 그 시절의 웅장하고 압도적인 힘을 잃었다는 평가를 받기도 했지만, 이후 수십 년간 테미르카노프가 다듬어온 페테르 필의 음색은 지휘자를 꼭 닮은 우아한 박력과 섬세함으로 전 세계 음악 팬들을 사로잡고 있다. 격동의 세월 동안 늘 한자리에서, 페테르 필의 전통을 지키고 이어온 테미르카노프는 페테르부르크 시민들에게 단순히 뛰어난 지휘자 이상의 의미를 갖는다. 그는 예술의 성지 페테르부르크의 음악적 전통을 지켜온 수호자이자 그들의 자부심인 것이다.

러시아 음악의 '원조 맛집'

모차르트, 베토벤부터 쇼팽과 베를리오즈에 이르기까지 매 시즌 다양한 레퍼토리를 선보이고 있지만, 뭐니 뭐니 해도 페테르 필의 장기는 역시 차이콥스키, 무소르그스키, 쇼스타코비치, 라흐마니노프 등 러시아 작곡가들의 작품이라 할 수 있다. 실제로 페테르 필은 베를린 필이나 빈 필 같은 세계 최고의 오케스트라에 비하면 인지도나 레코딩 순위에서 다소 뒤처지지만, 러시아 작곡가와 작품에 있어서만큼은 세계 최고의 해석과 연주를 자랑하는 러시아 음악의 '원조 맛집'이라 할 수 있다.

특히 차이콥스키와 쇼스타코비치의 경우, 차이콥스키의 마지막 교향곡 <비창>과 쇼스타코비치의 여러 교향곡들이 볼쇼이 잘에서 초연된 바 있어 페테르 필과 남다른 인연을 지녔다 할 수 있다. 덕분에 <비창> 교향곡과 쇼스타코비치의 교향곡 5번, 7번, 10번 등은 지금도 페테르 필을 대표하는 레퍼토리로 알려져 있다. 또한 페테르 필은 쇼스타코비치 사후 수여받은 '쇼스타코비치 기념 오케스트라'

란 정식 명칭을 자랑스럽게 이어오면서, 음악으로 시대를 비추고자 했던 그의 정신을 기리고 있기도 하다.

페테르부르크에 머무는 동안 운 좋게도 볼쇼이 잘에서 <비창> 교향곡을 들을 기회가 몇 번 있었는데, 평소에도 좋아해서 자주 듣는 곡이긴 하지만 확실히 이곳에서 듣는 <비창>은 결이 다른 느낌이다. 온몸을 그어대며 격렬한 연주를 쏟아내는 현악 주자들과 악기에 숨이 아니라 자기 혼을 불어넣는 듯한 관악 주자들, 그 빈틈없는 호흡과 숨 막힐 듯한 밀도에서 '이것은 우리의 음악이다'라는, 그리고 '이 곡만큼은 우리가 세계 최고다'라는 어떤 자부심과 긍지가 느껴졌다. 또한 지휘자 테미르카노프의 손길에는 오랜 시간을 함께 해 온 단원들에 대한 믿음과 더불어 평생 이 작품을 지휘해 온 거장의 노련함과 자신감이 스며 있었다. 차분하고 온화하지만, 결코 굽히지 않는 자신감에서 우러나는 박력. "러시아 레퍼토리에 있어 타의 추종을 불허하는"이란 그의 수식어가 괜히 붙은 게 아닐 거란 생각이 절로 드는 연주였다.

10월 말이면 페테르부르크에는 이미 회색빛 눈발이 흩날린다. 무겁게 내려앉은 구름 사이로 흩날리는 눈송이들은 벌써 긴긴 겨울이 다가왔음을 깨닫게 하지만, 그와 함께 겨울 속에서 비로소 고유한 아름다움을 드러내는 이 도시의 정취를 느낄 수 있게 해준다. 그래서일까, 차가운 대기 속에 반짝이는 눈송이처럼 비극적이면서도 아름답게 빛나는 러시아의 서정을 그대로 담아낸 차이콥스키의 <비창> 교향곡이 바로 이즈음(10월 28일)에 이 도시에서 초연되었다는 사실은 어딘지 모르게 잘 어울리는 조합처럼 느껴진다. 특히 볼쇼이 잘에서 페테르 필의 묵직한 여운이 담긴 <비창> 피날레를 듣고 나와 짙은 어둠이 내려앉은 넵스키 대로를 걷다 보면, 아름다워서 슬픈 것인지 슬퍼서 아름다운 것인지 알 수 없는 기분이 들곤 하는데, 지금도 <비창> 4악장을 들을 때면 바로 그 순간의 먹먹한 기분이 생생하게 떠오르곤 한다.

말리 드라마 극장 Малый драматический театр

○ 작지만 결코 작지 않은

러시아어로 '말리'는 작다는 뜻으로, 크다는 뜻의 '볼쇼이'와 쌍을 이루는 단어다. 1944년 소비에트 인민의 문화생활 향상을 위해 국립 말리 드라마 극장이 설립되었을 때, 이들은 정말 이름 그대로 '말리'하게, 35석밖에 안 되는 작은 공간에서 연극을 시작했다. 당시는 제2차 세계대전 중 레닌그라드 봉쇄가 막 풀린 직후였고, 극장 대부분은 파괴되거나 대피 중이었다. 창단 당시 그들에게는 제대로 된 무대도 분장실도 없었고, 극단은 레닌그라드 지역의 마을을 돌아다니며 공연을 해야 했다.

하지만 이렇게 작고 초라하게 시작했던 이 극장이 이제는 러시아, 나아가 유럽을 대표하는 극장이 되었고, 현대 러시아 연극을 이야기할 때 결코 빼놓을 수 없는 중요한 위치를 차지하게 되었다. 이름은 '말리'지만, 그 역사와 전통, 그리고 명성은 결코 작지 않은 극장이 된 것이다. 말리의 대표작들은 러시아 공연계의 최고 예술상인 '황금마스크' 시상식에서 여러 차례 주요 상을 석권했고, 로렌스

말리 드라마 극장의 입구

올리비에 상 등 유럽의 주요 상도 휩쓸었다. 1998년에는 파리의 오데옹 극장, 밀라노의 피콜로 극장에 이어 세 번째로 유럽 최고의 권위를 자랑하는 '유럽 극장' 칭호를 부여받아 그 이름을 높인 바 있다. 말리 드라마 극장은 우리나라에도 가장 많이 초청되었으며 매번 깊은 인상을 남긴 덕분에, 한국의 관객들에게 러시아 연극을 대표하는 극장으로 각인된 곳이기도 하다.

전설을 이끌어 낸 거장

말리 드라마 극장의 눈부신 성공과 명성을 이야기할 때 이곳의 상임 연출가이자 예술감독인 레프 도진을 떼어놓고는 설명할 수가 없다. 1983년 도진이 이곳의 예술감독으로 임명될 때만 해도 말리 극장은 이름처럼 작고 평범한 국립극장 중 하나였으나, 도진이 뚜렷한 비전을 가지고 연극 동지들과 함께 이곳에 터를 잡으면서 이 극장의 전설이 시작되었다. 레프 도진과 말리 드라마 극장 공연의 특징을 크게 세 가지 정도로 추리자면, 첫째로 작품에 대한 치열하고 끝없는 탐구, 둘째로 간결하지만 상징적인 무대, 마지막으로 세계 최고로 손꼽히는 배우 앙상블을 들 수 있다.

첫째로 도진과 말리의 배우들은 어떤 공연을 올리든 간에 '뭘 저렇게까지' 싶을 만큼 치열하게 작품과 배역을 연구한다. 일단 한 작품의 연습을 시작하면 그 작가의 모든 작품을 조사, 연구하면서 작품의 맥락을 파악하고, 그 속에서 주제와 인물에 관한 토론을 끝없이 이어간다. 예를 들어 체호프의 작품을 하나 올리기로 하면 체호프의 모든 작품을 읽고 섭렵하면서 이 작품은 체호프의 예술 속에서 어떤 위치인지, 자신이 맡은 역할과 비슷한 인물은 누가 있는지 연구하는 식이다. 초연 직전까지도 리허설을 체크하기보다는 완성된 무대에 걸터앉아 심각한 논쟁에 빠진 그들의 연습 사진을 보고 있자면, 대체 이들이 배우인지 연극학자인지 헷갈릴 정도다.

머리뿐만 아니라 신체와 감각 역시 철저하게 훈련한다. 안달루시아 출신의 작가 로르카의 작품을 올리면서는 배우 전원이 스페인어와 안달루시아 전통악기를 배우고, 유대인이 주인공인 연극을 위해서는 그 어렵다는 이디시어를 마스터한다. 도진의 초기 대표작인 <형제자매들>을 준비할 때, 배우 전원이 작품의 배경과 비슷한 농촌 마을에 내려가 몇 달씩 지내면서 그곳의 분위기와 풍습, 억양과 사투리를 몸에 새기고 왔다는 것 또한 유명한 일화다. 이 정도로 철저하게 준비하고 훈련하니 무대 위 배우들이 '배우'가 아니라 살아있는 캐릭터로 보이는 것은 어찌 보면 당연한 결과다.

또한 말리 드라마 극장은 러시아의 전통적인 레퍼토리 시스템을 따르고 있다. 오랜 토론과 연습 끝에 하나의 신작이 막을 올리면, 한 시즌 내에 몇 번씩 공연하면서 작품의 완성도를 높이고 다음 해, 그다음 해 시즌에도 다시 공연하면서 레퍼토리로 안착시키는 것이다. 실제로 초기 대표작인 <형제자매들>은 초연 이후 거의 30년 가까이 공연되었는데, 대부분 초연의 배우들이 그대로 자기 역할을 이어갔다. 한 마디로 이들은 평생에 걸쳐 자기 배역과 함께 늙어간 것이다. 그토록 긴 삶과 세월이 묻어난 연기를 누가 감히 흉내나 낼 수 있을까. 참고로 <형제자매들>의 경우 이미 초연 멤버들이 너무 나이 든 관계로, 2015년부터는 젊은 세대의 배우들로 싹 교체된 새로운 버전의 공연을 선보이고 있다.

공간과 배우가 빚어내는 마법

다음으로 도진의 연극은 간결하면서도 강렬한 무대장치로 유명하다. 실제로 말리 극장의 무대는 매우 작고 좁기 때문에 거창하고 화려한 세트가 들어설 공간이 없다. 하지만 이러한 제한된 조건이 오히려 예술가들의 상상력을 자극해, 단순한 장치 몇 개가 공간을 완전히 바꿔버리는 마법의 순간을 만들어내곤 한다.

도진의 대표작 중 하나인 체호프의 <바냐 아저씨>에서는 공연 내내 무대 천장에 거대한 건초더미들이 매달려 있다. 4막의 마지막 순간까지 조용히 천장에 매달려 있던 이 건초더미들이 마지막 대사를 하는 주인공들의 머리 위로 내려올 때, 관객은 그들에게 내려앉는 메마른 삶의 무게를 그들과 똑같은 감각으로 받아들이게 된다.

또 체호프의 다른 작품인 <세 자매>에서는 거대한 집 세트가

<바냐 아저씨>를 홍보 중인 극장 벽보

조금씩 무대 앞쪽으로 다가오는데, 이는 세 자매의 '꿈'의 공간인 무대를 '현실'의 공간인 집이 계속 잠식해가는 것을 의미한다. 결국 4막에서 세 자매는 무대와 객석 사이의 비좁은 계단에 간신히 걸터앉아 마지막 대사를 한다. 꿈도 희망도 잃은 채 비루한 일상에 장악되어 더 이상 갈 곳 없는 세 자매의 처지를 이보다 더 선명하게 드러낼 수 있을까 싶은 무대다.

한편 원작의 본질을 꿰뚫는 연출가의 시선과 강렬한 무대에도 불구하고, 말리 극장에서 관객을 절대적으로 사로잡는 것은 바로 무대 위 배우들의 완벽한 앙상블이다. 이는 도진이 오랫동안 페테르부르크 연극원에서 학생들을 가르치면서 연출가로서뿐만 아니라 교육자로서도 상당한 성과를 얻은 것과 관련이 깊다. 즉 학교에서 여러 작품을 함께 올리면서 강도 높은 훈련과 연습방식을 이미 몸에 익힌 학생들 중 재능 있는 배우들을 극장 작업으로 이어지게 함으로써 학교/극장의 긴밀한 관계 속에서 자연스레 성장하게 만드는 것이다. 여기에 아까도 언급했던 레퍼토리 시스템을 통해 작품과 배우가 함께 성숙해가는 과정에서 앙상블 연기의 저력이 나오는 것이라 할 수 있다.

말리의 대표작 중에는 이틀간 두 번에 걸쳐 공연되는 총 7시간의 <형제자매들>이나, 아침부터 밤까지 식사시간을 합쳐 무려 10시간 동안 이어지는 <악령> 같은 대작도 있다. 이러한 작품은 명배우 한두 명의 뛰어난 연기만으로는 도저히 지탱할 수가 없다. 무대 위 배우 모두가 연결되어 하나의 온전한 세계를 떠받치고 있을 때, 비로소 인물 하나하나도 살아있는 캐릭터가 될 수 있다. 이런 작품에서 중요한 것은 개개인의 연기가 아니라 배우들 사이의 깊은 신뢰와 조화인 것이다. 그리고 7시간, 9시간씩 객석을 지키고 앉아 있다 보면, 배우들 사이뿐만 아니라 배우와 관객 사이에도 보이지 않는 신뢰와 공감의 연결대가 만들어지는 것을 느낄 수 있다. 그런 의미에서 <형제자매들>이나 <악령> 같은 공연의 관람은 관극이라기보다는 하나의 특수한 체험에 가깝다.

여전히 진행 중인 전통

현재 말리 드라마 극장이 있는 루빈슈타인 거리는 페테르부르크 도심에서도 가장 힙하고 핫한 음식점, 카페, 바들이 즐비하게 늘어서 있는 힙스터들의 성지다. 시대의 변화에 민감하고 유행에 빠르게 적응하는 페테르부르크의 젊은 멋쟁이들이 자주 찾는 곳이라 할 수 있다. 바로 이 거리 한가운데 고풍스럽고 단단한 모습으로 서 있는 말리 드라마 극장 건물은, 빠르게 변화하는 러시아의 현대예술 속에서도 고집스레 전통과 정통을 지켜가고 있는 이 극장의 뚝심을 보여주는 듯하다. 페테르부르크의 다양한 극장 중에는 새롭고 실험적인 연극, 도발적이고 해체적인 공연을 시도하는 곳도 심심치 않게 있지만, 도진이 이끄는 말리 드라마 극장에서는 여전히 수십 년간 이어져 온 그들의 전통과 연극 정신이 담겨 있는 고전 연극을 만날 수 있다.

예전에 LG아트센터 초청공연을 위해 내한했을 때 도진을 개인적으로 인터뷰할 기회가 있었는데, 그때 갈수록 상업적으로 변해가는 현대 러시아의 삶 속에서 연극은 어떤 역할을 할 수 있는지 물은 적이 있다. 그리고 그때 그가 했던 말이 오랫동안 마음에 남았다.

"변화의 시대에 예술가들은 더 천천히 생각을 해야 합니다. 엄청나게 빨라진 삶의 템포 속에서 사람들은 자신의 내면을 들여다볼 기회도 없이 기계처럼 살고 있어요. 이런 상황에서 연극은 더 천천히 깊게 생각하는 것을 가르쳐야 합니다. 사람들을 일상적이고 외적인 것으로부터 끌어내, 단순하지만 중요한 진리를 듣게 해야 합니다. 사랑, 절망, 죽음, 희망, 이런 것들이야말로 인간에게 절실한 문제라는 것을 바로 연극이 알려주어야 합니다."

그는 21세기에도 연극의 힘을 믿으며, 오히려 21세기에는 연극이 더욱 필요하다고 덧붙였다.

"현대를 사는 우리에게 정말 부족한 것은 공감입니다. 우리는 심지어 자기 자신에 대해서도 공감하지 않고 있으니까요. 연극은 다른 사람들로 하여금 공감을 하게 만듭니다. 연극을 본다는 것은 아무것도 안 하고 무대를 쳐다보는 것이 아닙니다. 배우, 작가와 함께 위대한 정신적 모험을 하는 것이죠."

극장 로비의 체호프 동상

십여 년 전 그토록 조용하고 고즈넉한 정취를 자랑하던 페테르부르크의 루빈슈타인 거리가 트렌디한 바와 클럽이 즐비한 번화가로 변모한 것을 보면, 확실히 시간이 멈춰 있는 듯한 이 도시도 자본주의와 상업화의 물결에서 벗어날 수 없다는 사실을 깨닫는다. 하지만 그럼에도 불구하고 이 흥청대는 거리 한복판에서 여전히, 작은 연습실에 모여 느리고 깊은 호흡으로 삶을 응시하고 연극을 만들어내는 사람들이 있다는 사실은 어딘지 모르게 위안을 준다.

오늘도 누군가는 저 화려한 거리 한복판을 가로질러 극장의 캄캄한 암전 속으로, '위대한 정신적 모험'을 하기 위해 발걸음을 옮길 것이다. 그리고 무대 위의 배우들과 함께 울고 웃으며 예리하고 처절

한 삶의 진실들을 마주할 것이다. 그런 시간을 한 번이라도 경험한 이들의 삶은, 결코 이전의 삶과 같을 수 없다. 레프 도진과 말리 드라마 극장이 만들어낸 위대한 전통은 이렇듯 현재 진행형으로 계속되고 있다.

카바레 카페 '길 잃은 개' Бродячая Собака

○ 길 잃은 예술가들의 아지트

예술광장에서 그리보예도프 운하 방향으로 걸어가다 보면, 자칫 그냥 지나치기 쉬운 간판이 하나 보인다. 까만 반원을 배경으로, 미스터리한 표정의 개가 앞발 하나를 연극 가면에 얹고 있는 독특한 그림이다. 이게 뭔가 싶어 두리번거려도 문은 따로 보이지 않고 대신 아래로 내려가는 층계가 있는데, 계단을 따라 반 층 정도 내려가면 어두운 동굴 같은 반지하공간이 펼쳐진다. 천천히 문이 열리면 가면을 쓴 피에로 인형이 반기듯 두 손을 벌려 손님을 맞이한다. 이곳이 바로 혁명 직전 러시아 아방가르드 예술가들의 아지트이자 실험무대였던 카바레 카페 '길 잃은 개'이다.

먹고 마시고 노래하는 극장

'포도주 창고'나 '선술집'을 의미하는 프랑스어에서 유래된 '카바레'는 우리에게는 어딘지 모르게 퇴폐적인 이미지로 다가오지만, 19세기 말부터 세계대전 시기까지 유럽의 카바레는 젊고 패기 넘치

카바레 카페 '길 잃은 개' 간판

는 예술가들이 모여 새롭고 도발적인 예술을 선보이던 실험무대였다. 카페와 술집을 겸한 공간의 작은 무대에서 선보이는 예술인만큼 규모나 완성도보다는 번뜩이는 아이디어가 돋보이는 퍼포먼스나 시 낭송, 모노드라마나 2인극 정도의 소규모 공연, 즉흥 춤 등 짤막한 프로그램들이 주로 무대에 올랐다.

당시 유럽을 풍미했던 카바레 극장으로는 파리의 '검은 고양이(Le chat Noir)', 빈의 '박쥐(Die Fledermaus)', 런던의 '금송아지 굴(The Cave of the Golden Calf)' 등을 들 수 있는데, 대부분 동물 이름이 들어있는 것이 새삼 흥미롭다. 혁명 전야의 페테르부르크에서도 이런 카바레 극장이 인기를 끌었는데, 그중 가장 유명하고 독보적인 곳이 바로 이곳 '길 잃은 개'이다. 역시나 상호 이름에 동물 이름을 집어넣은 데서 유럽의 트렌드와 발맞추고 싶어 했던 당대 러시아 예술가들의 욕망을 읽을 수 있다.

무대막이 무대와 객석을 단호히 분리하고 '침묵과 정숙' 등 엄숙한 관람 예절을 따라야 하는 일반적인 극장과 달리, 카바레 극장은 무대와 객석의 구분이 거의 없고, 공연 중 식사는 물론이거니와 흡연과 음주, 노래 따라 부르기와 음악에 맞춰 춤추기 등 모든 것이 가능한, 자유롭고 열린 공간이었다.

무대 위에서 시 낭송과 모노드라마가 펼쳐지는 동안, 손님들은 자욱한 담배 연기와 왁자지껄한 소음 속에서 무대를 감상하거나, 진한 커피 혹은 보드카를 들이켜며 즉석 평을 나눴다. 때로는 공연과 전혀 상관없는 주제에 대해 소리 높여 언쟁을 벌이기도 했다. 그러나 누구도 "저 손님, 실례합니다만 정숙해 주십시오"라거나 "부디 무대에 집중해 주십시오"라는 말을 건네지 않았다. 오히려 무대 위의 예술가들도 이러한 자유롭고 편안한 분위기를 즐기면서 즉흥적으로 관객과 함께 무대에 오르거나 그들로부터 새로운 아이디어를 얻기도 했다. 한 마디로 카바레 극장은 모든 가능성에 열려 있는, 예술가들의 사교장이자 자유로운 실험실이었던 것이다.

종말을 앞둔 마지막 축제

카바레 카페 '길 잃은 개'는 1911년, 당대 러시아의 명망 있는 배우이자 연출가였던 보리스 프로닌이 예술광장 구석에 있는 한 오래된 건물의 와인 보관소를 개조하면서 문을 열었다. 천정이 낮고 햇빛이 잘 비치지 않아 컴컴하고 눅눅했던 지하공간은 어둡지만 운치 있는 카페로 바뀌었다. 그리고 여기에 작은 무대와 그랜드피아노가 더해지면서 식사와 함께 간단한 음악회나 모노드라마 등을 공연할 수 있는 공간으로 꾸며졌다. 당대의 이름난 화가들이 직접 내벽에 프레스코화를 그리기도 했다. 하지만 이러한 인테리어보다 이 카페를 더 유명하게 만든 것은 당시 이곳을 드나들던 페테르부르크

지금도 소극장 무대로 쓰이는 카페 내부

예술가들의 화려한 면면이었다.

'길 잃은 개'가 문을 연 1911년 막바지는 당시 전 유럽을 휩쓸고 있던 전쟁의 긴장감과 혁명이라는 거대한 변화의 기운이 페테르부르크 곳곳을 장악하던 시기였다. 언제, 무엇이 터질지는 모르지만 조만간 뭔가 엄청난 일이 벌어질 거라는 예감만이 가득하던 그 시기, 페테르부르크의 예술가들은 그 어느 때보다 화려한 축제를 벌이며 온 도시를 카니발적인 광기로 물들였다. 시인과 화가, 배우와 연출가들은 이국적인 복장을 하고서 거리를 돌아다녔고, 밤이면 가면을 쓴 채 살롱에 모여 파티를 열었다. 그야말로 온 도시가 하나의 가면무도회장 같았다.

그것이 전쟁이든 혁명이든, 어찌 되었건 시시각각 다가오는 파국을 앞두고 정체 모를 불안을 느끼고 있던 페테르부르크의 예술가들은 내일이 없는 듯 화려하고 장엄하게 치러지는 이 가면무도회를 통해 잠시나마 그러한 불안을 떨쳐내려고 했던 것 같다. 그들은 어딘가 안전한 곳으로 숨기보다는(어차피 안전한 곳은 아무 데도 없었다!) 혼자서 마주하게 될 공허와 공포를 피해 거리로 나왔다. 그러나 어디로 가야 할지 알려주는 사람은 아무도 없었다. 그렇게 그들은 스스로 '길 잃은' 예술가들이 되어 이곳 '길 잃은 개'의 지하실로 내려왔고, 여기서 동료들과 함께 술을 마시고 춤을 추며 인생을 노래했다. 파국을 감지하기에 더욱 화려하게 타올랐던 혁명 전 페테르부르크 예술가들의 가면무도회. '길 잃은 개'에서 펼쳐졌던 술과 시, 노래의 나날들 역시 그 마지막 축제의 일부였던 것이다.

화려했던 술과 장미의 시절

'길 잃은 개'의 카바레 극장은 정식 무대가 아니기에 언제나 도발적인 실험과 파격적인 시도를 해볼 수 있었다. 여기에 매력을 느낀 페테르부르크의 보헤미안들이 하나둘 모이기 시작하면서 이곳은 뜻밖에도 세기말 예술의 전초기지가 되어버렸다. 그리하여 안나 아흐마토바, 알렉산드르 블록, 오시프 만델슈탐 등 당대 페테르부르크 문학계를 선도하던 위대한 시인들을 중심으로, 수많은 작가와 음악가, 무용수와 연극인들 모두가 이 작고 어두컴컴한 지하실로 내려와 화려한 밤을 지새웠다.

그 시절 '길 잃은 개'에서 밤마다 펼쳐진 공연과 파티를 기록한 글과 그림들에서는 미묘한 흥분과 기대, 혼란과 불안이 뒤섞여 있다는 인상을 받는다. 신작 시나 낭독극을 상연하는 메인 프로그램이 있기는 했으나, 얌전히 예정된 프로그램만 마치는 경우는 거의 없었다. 때로는 객석에 앉아 있거나 벽 한쪽에 무심히 서 있던 예술가들이 무대 위에 뛰어올라 즉흥 공연을 선보였고, 무대 위 예술가와 무대 아래 예술가가 뜻밖의 합동 공연을 하는 일도 빈번했다.

무대 아래에서는 당대 예술에 대한 치열한 토론과 논쟁이 시도 때도 없이 펼쳐졌고, 카페 한구석에서는 누군가가 쇤베르크나 드뷔시 같은 동시대 가장 핫한 작곡가들의 음악을 피아노로 연주하고 있었다. 또 당대 예술가 중 누구보다 다가오는 혁명의 기운을 뜨겁게, 그리고 적극적으로 받아들였던 시인 마야콥스키는 샛노란 셔츠를 입고 문가에 선 채로 좋아하는 작가가 들어올 때마다 큰 북을 울리곤 했다. 한 마디로 이곳은 시끄럽고 아름다운 카오스, 자유와 불안이 공존하는 혼돈의 밤이었다.

파국, 그리고 길 잃은 운명

그들 스스로 이미 예상하고 있었던 대로, '길 잃은 개'의 화려했던 밤들은 결국 파국을 맞이했다. 그것도 어느 하루에 날벼락처럼 떨어진 것이 아니라 이곳을 드나들던 예술가들이 하나둘 사라지면서 서서히 슬픈 종말을 맞았다. '길 잃은 개'를 드나들던 20세기 러시아 예술가들은 예술에 대한 관점도 혁명에 대한 태도도 각기 달랐고, 그렇기에 늘 끝이 나지 않는 치열한 논쟁을 이어갔다. 하지만 전쟁과 혁명을 거치며 하나같이 비극적인 종말을 맞이했다는 점에서는 이들 모두 같은 운명이었다.

'길 잃은 개'의 단골손님 중 시인 구밀료프는 1921년 반정부 활동 혐의를 받아 총살되었고, 같은 해 시인 블록은 우울증으로 인한 건강 악화로 세상을 떠났다. '길 잃은 개'의 최고 인기스타였던 시인 아흐마토바는 스탈린 통치하에서 인민의 적으로 낙인찍혀 긴 침묵의 세월을 보내야 했으며, 동료 시인 만델슈탐은 숙청되어 시베리

카페 입구의 피에로 인형

아로 유형을 가던 중 숨을 거두었다. '길 잃은 개'의 방문자 중 거의 유일하게 혁명의 선두에 섰던 마야콥스키마저 1930년 권총 자살로 36세의 불꽃같은 삶을 마감하고 말았다.

이들은 모두 자신이 언제, 어떻게 죽게 될지는 예상하지 못했지만, 적어도 이러한 파국과 비극적인 운명이 자신들에게 닥치리라는 것만큼은 희미하게나마 감지하고 있었다. 이렇듯 불안하고 초조했던 전쟁과 혁명 전야, 페테르부르크의 예술가들에게 '길 잃은 개'는 초라하나마 여전히 예술이 삶을 지배하고 삶의 전부일 수 있었던 유일한 공간이었을 것이다. 어쩌면 이 작은 지하실은 소리 없이 다가오는 파국의 그림자로부터 그들을 잠시나마 숨겨준, 시한부의 방주였

을지도 모르겠다.

희미한 흔적으로 남은 공간

'길 잃은 개'는 여전히 같은 장소에서 카페로 영업하고 있다. 하지만 동굴 같은 천정과 울퉁불퉁한 내벽 한 귀퉁이에 남아있는 프레스코화의 희미한 흔적 외에는 그 시절의 치열하고 화려했던 분위기를 찾기가 쉽지 않다. 공간을 확장하고 새롭게 리모델링을 하면서 예전의 우중충하고 어두컴컴한 지하실을 산뜻하고 세련된 극장-카페로 변모시킨 덕분이다. 카페 입구에 반짝이는 알전구를 배경으로 외로이 앉아 있는 피에로 인형과 그의 가면만이 그 시절 이곳에서 펼쳐졌던 가면무도회의 기억을 떠올리게 할 뿐이다.

하지만 보이지 않더라도, 공간에 새겨진 기억들은 절대로 사라지지 않는다고 누군가 말했다. 지금은 다른 음식점들과 크게 다를 바 없는 카페이자 가끔씩 시 낭송이나 인형극이 상연되는 평범한 소극장이 되었지만, 이곳의 역사를 아는 이들에게 이곳은 결코 그냥 '카페'가 될 수 없다.

지금도 눈 내리는 어두운 저녁, 희미한 전구 불빛을 따라 반지하 계단을 내려가다 보면 이제는 사라져버린 공간의 환영이 한순간 쏙 덮쳐올 때가 있다. 그런 이들에게는 가면을 갖고 놀고 있는 개의 간판도, 희미하게 남아있는 프레스코화의 흔적도 그냥 지나칠 수 없는 기억의 자취들이다.

어느 깊은 겨울밤, 담배 연기 자욱한 이곳에 모여 혁명 전야의 떠들썩한 흥분과 알 수 없는 막막함, 그리고 뜨거운 예술혼을 함께 불태웠을 그들. 결국 뿔뿔이 흩어져 비극적인 최후를 맞이해야 했던 그들이 함께 모여 술과 노래의 나날을 보내던 그 순간을 상상하며 주위를 둘러보면, 즐겁게 먹고 마시며 웃고 있는 손님들 너머로 여전히 마음 한구석이 애틋해지는 순간이 찾아오곤 한다.

혁명가의 발코니, 정치사 박물관

2장. 박물관에서 발견하는 극장 ○

극장 박물관 Театральный музей

○ 무대의 계보학

페테르부르크에서 공연은 극장에만 있는 게 아니다. 이 도시의 골목골목 자리 잡은 수많은 미술관과 박물관에서 전설로 남은 공연들의 흔적과 러시아 무대예술의 현주소를 생생하게 만나볼 수 있다. 전시로 만나는 러시아 공연예술, 첫 번째로 만나볼 장소는 그 이름부터 무대를 전면에 내세우고 있는 극장 박물관이다.

넵스키 대로와 폰탄카 운하가 만나는 번화가에서 살짝 옆으로 빠지면, 제정 러시아 시기 궁정예술을 최대치로 꽃피운 예카테리나 2세의 위풍당당한 동상이 나온다. 그 동상을 중심으로 아담한 공원이 조성되어 있는데, 이름하여 오스트롭스키 광장이다. 봄과 여름엔 꽃이 예쁘게 피고 가을엔 황금빛 낙엽이 떨어지며 겨울엔 하얀 눈이 소복이 쌓여 사계절 언제 봐도 낭만적인 이 광장은 시민들의 산책 코스와 약속 장소로 사랑받는 곳이다.

예카테리나 2세 동상 뒤로 보이는 장중한 크림색 건물이 바로 러시아에서 가장 오래된 국립 드라마 극장인 알렉산드린스키 극장이다. 1756년 세워진 이 극장은 여러모로 러시아 연극사에서 중요한 의미를 지니는데, 무엇보다 19세기 러시아 희곡을 대표하는 고골의 <검찰관>과 체호프의 <갈매기> 초연(비록 처참한 실패로 전해지긴 하지만)이 이루어진 역사적인 무대이다. 또한 이 무대에서 고골, 체호프와 함께 19세기 러시아 드라마를 대표하는 극작가 오스트롭스키의 작품 대부분이 소개되었고, 그로 인해 이곳에 오스트롭스키 광장이란 이름이 붙여졌다.

이 극장 뒤편 옛 극장 관리부 건물에 연극과 발레, 오페라 등 공연예술에 관심이 있는 사람이라면 한 번쯤 들러보아야 할 '극장 박물관'이 있다. 다른 박물관들에 비하면 그리 크지 않은 규모의 아담한 공간이지만, 3개 층에 걸쳐 있는 전시실은 러시아 연극 및 발레에 관한 귀중한 자료들을 체계적으로 전시하고 있어 천천히 순서대로만 둘러보아도 몇 달 치의 러시아 연극사 수업을 받는 듯한 효과가 있다. 또한 20세기 초 발레 뤼스의 신화를 쓴 전설적 무용수들의 흔적도 살펴볼 수 있어, 그야말로 전시로 둘러보는 러시아 공연예술의 연대기 같은 공간이라 할 수 있다.

한눈에 보는 러시아 연극

1921년, 소비에트 시절에 개관한 극장 박물관은 이후 100년 가까이 페테르부르크 연극의 가장 중요한 자료실이자 교육센터로 자리 잡았다. 때때로 특정한 주제의 기획 전시가 열리기도 하지만, 이미 보유하고 있는 전시물과 상설전시만으로도 이 박물관을 방문할 가치는 충분하다. 특히 이곳의 메인 전시라 할 수 있는 <페테르부르크 연극의 전설>은 페테르부르크의 모든 박물관, 미술관을 대상으로 하는 '박물관 올림픽'에서 두 번이나 상을 받을 만큼 그 가치

20세기 러시아 연극 전시실

를 인정받은 전시 프로그램이다.

<페테르부르크 연극의 전설> 홀은 19세기부터 20세기 중반에 이르기까지 폭발적으로 발전한 러시아 연극의 역사를 한눈에 볼 수 있게 꾸며놓았다. 특히 푸시킨, 고골, 레르몬토프, 오스트롭스키, 체호프로 이어지는 19세기 러시아 극작가들의 희곡이 언제, 어떤 모습으로 공연되었는지 상세히 설명하고 있어 러시아 고전 희곡의 흐름과 대표작을 이해하는 데 많은 도움을 준다. 또한 역사적인 공연의 초연 포스터와 무대 스케치, 공연 사진과 배우들의 무대의상 및 소품을 한곳에 모아놓아서, 전설로만 듣던 공연 무대를 충분히 상상할 수 있게 만들어놓았다.

순간의 예술인 연극의 특성상, 공연 자료와 의상, 무대와 소품 등은 누군가 굳은 의지를 가지고 모아놓지 않는 이상 하룻밤의 꿈

이나 신기루처럼 사라지고 만다. 그렇기 때문에 연극의 생명력을 이어가기 위해서는 자료보존과 아카이빙이 상당히 중요한데, 이곳 극장 박물관에 차곡차곡 정리되어 있는 빛바랜 전시물을 보다 보면, 그 옛날부터 공연에 관련된 자료를 하나도 버리지 않고 모아둔 이들의 노력에 새삼 놀라게 된다. 러시아 연극인들이 그토록 자랑스럽게 생각하는 러시아 연극의 전통은 위대한 극작가와 희곡뿐만 아니라 이런 구체적이고 실질적인 물건을 통해서도 꾸준히 이어지고 있는 것이다.

우아하고 고상한 19세기 고전연극의 황금기를 재현해놓은 전시실을 지나면, 이제 변화와 혁명의 정신으로 가득 찬 20세기 아방가르드 연극의 현장이 관람객을 기다린다. 전시실 벽과 천정을 가득 메운 소비에트 시기의 포스터들, 간결한 기능성을 부각시킨 무대장치와 의상들은 한 세기 동안 러시아 연극이 얼마나 큰 변화를 겪었는지, 또한 이 시기가 얼마나 획기적인 아이디어로 가득 찬 시기였는지 단번에 느낄 수 있게 꾸며져 있다.

이 방에서 가장 큰 지분을 차지하고 있는 예술가는 단연 20세기 연출가 메이예르홀트다. 실제로 메이예르홀트는 스타니슬랍스키와 더불어 세계 연극사에 가장 큰 영향을 미친 러시아 연출가로, 그의 이론과 작업으로 인해 러시아 아방가르드 연극이 시작되었다 해도 과언이 아니다. 이 방에서는 메이예르홀트가 연출한 공연과 의상 사진뿐만 아니라 미니어처로 만들어진 그의 무대장치를 직접 만져볼 수 있어, 새롭고 혁신적인 연극을 꿈꾸었던 그의 열망을 희미하게나마 더듬어볼 수 있다. 누구보다 적극적으로 혁명의 정신을 받아들인 인민예술가로서 소비에트 연극의 영광을 일구어냈던 그가 스탈린의 숙청에 의해 무자비한 고문과 총살로 생을 마감했다는 사실을 떠올리면, 방안을 가득 채운 그의 재능과 열정의 흔적이 더욱 안타깝게 다가온다.

발레 뤼스, 그 영광의 나날들

러시아 연극의 연대기를 둘러보고 나면 이제 발레의 세기가 펼쳐진다. 먼저 이곳 페테르부르크의 마린스키 극장에서 러시아 고전 발레를 완성한 안무가 마리우스 프티파의 걸작들을 만날 수 있다. <잠자는 숲속의 미녀> <백조의 호수> <라 바야데르> 등 고전 발레 대표작들의 초기 공연 사진과 그림, 당시 발레리나들이 사용했던 튀튀와 토슈즈 등 희귀한 소장품이 가득하다. 공기처럼 가볍고 우아하게 무대 위를 뛰어다니는 무용수들의 모습에 넋을 잃고 천천히 걸어가다 보면, 분위기가 갑자기 바뀌어 선명하고 이국적인 무대 의상이 시선을 사로잡는다. 러시아 발레의 신화를 새로 쓴 '발레 뤼스'의 시대다.

20세기 초, 러시아에 휘몰아친 변혁의 바람은 정치뿐만 아니라 문화예술 전반에 걸쳐 강력한 힘을 발휘했고, 기존의 관습에 정면으로 도전하는 새로운 예술, 새로운 감각에 대한 열망이 전 러시아를 휩쓸었다. 바로 이 시기에 역사상 가장 유명한 발레단인 발레 뤼스(Ballet Russe)가 탄생했다. 기획자이자 흥행사였던 디아길레프가 당대 최고의 무용수, 작곡가, 무대예술가와 함께 조직한 발레 뤼스는 도발적이고 파격적인 무대와 춤으로 관객을 매혹시켰다. 스트라빈스키의 날카로운 선율, 니진스키의 중력을 벗어난 듯한 도약, 박스트가 그린 원색의 화려한 무대 등 이들은 기존의 발레 관습을 뛰어넘는 음악과 안무, 미술 등으로 매 작품 선풍적인 인기와 소동을 불러일으키곤 했다.

흥미로운 것은 발레 뤼스가 파리를 중심으로 활동하며 정작 러시아에서는 단 한 번도 공연하지 않았다는 사실이다. 아이러니하게도 <불새> <페트루쉬카> <봄의 제전> 등 발레 뤼스의 작품 대부분은 고대 러시아 신화와 전설, 민담 등 가장 러시아적인 소재에서 출발하고 있는데, 바로 그러한 이국적인 슬라브 전통과 색채가 파리를 비롯한 서유럽 관객의 까다로운 취향을 저격했던 것이다.

발레 뤼스의 신화적인 성공에는 위대한 무용수들의 역할 또한 빼놓을 수 없다. 안나 파블로바, 타마라 칼사비나, 바츨라프 니진스키 등 전설적인 무용수들이 발레 뤼스의 무대를 수놓으며 러시아 발레를 서방에 알리는 데 앞장섰다. 춤뿐만 아니라 러시아 설화와 음악, 무대미술과 의상 등 발레 뤼스의 공연은 러시아적인 모든 것을 담은 종합예술이었다. 발레의 기원은 파리에서 시작되었지만, 이들은 가장 러시아적인 발레로 바로 그 파리를 정복한 것이다. 파리의 예술가와 평론가, 관객들은 "이상한 동시에 세련되고, 감각적인 동시에 섬세한 관능적 공연"이라며 발레 뤼스에 열광했다.

이곳 극장 박물관의 발레 뤼스 전시실에서는 바로 그 영광의 나날을 사진과 그림, 공연 포스터와 무대 스케치를 통해 생생하게 전달한다. 또한 발레 뤼스의 후손이라 할 수 있는 현대 러시아 무용수들의 활동을 연달아 전시함으로써 이들의 신화가 결코 끝나지 않은 현재진행형의 문화임을 각인시킨다. 갈리나 울라노바, 마야 플리세츠카야 같은 소비에트 시대의 간판 무용수부터 울리야나 로파키나, 디아나 비쉬뇨바 같은 동시대의 발레리나까지. 연극 전시실과 마찬가지로, 발레 전시실에서도 이들이 가장 공들여 강조하고 있는 것은 바로 면면히 이어지는 러시아 공연예술의 전통과 여전히 그 계보를 이어가고 있는 동시대 예술가들에 대한 자부심이다.

미래의 관객을 위한 오래된 이야기

극장 박물관의 전시물들은 유구한 역사와 전통의 흔적이 남아 있는 '오래된' 물건들이지만, 이를 전시하는 방식은 매우 새롭고 현대적이다. 특히 관람객의 참여와 인터랙티브한 활동을 극대화하는 이곳의 전시 방식은 이 박물관이 관객 발굴과 육성을 위한 교육센터로서도 중요한 공간임을 각인시킨다.

<극장의 세계>는 고대 그리스 극장과 중세의 종교극 무대, 셰익스피어가 활동했던 글로브 극장 등 각 시대를 대표하는 극장 형태를 모형으로 만들어놓은 전시다. 모형 자체도 상당히 정교한데 여기에 무대효과와 무대 막, 객석을 움직일 수 있는 장치까지 설치해 놓아 관람객들이 실제로 당대의 연극적 관습을 시험해볼 수 있게 만들었다. 마음 같아서는 통째로 빌려다가 연극사 수업자료로 쓰고 싶은 전시다.

발레 전시실의 <발레 클래스> 전시도 무척 흥미롭다. 무용 연습실처럼 거울과 바가 설치되어 있는 인터랙티브 존에 서면, 거울에 파블로바, 울라노바 등 전설의 무용수들이 연습하는 영상이 비치며 그들을 따라 고전 발레의 기본 동작을 배울 수 있게 되어 있다. 바닥에 친절하게 두 발의 위치까지 표시해 주어서 그것들만 따라가도 어느새 발레와 비슷한(?) 어떤 동작을 하고 있는 자신을 거울에서 발견할 수 있다.

마지막 전시실인 <극장 체험실>은 어린 관객들에게 특히나 매력적인 공간이다. 전시실 하나를 통째로 극장 체험 공간으로 꾸며 놓아 아이들이 무대 뒤에서 의상과 소품, 무대장치 등을 직접 입고 만질 수 있게 해놓았다. 또 천둥과 파도 소리를 내는 음향 기계도 시험해볼 수 있어서 아이들이 극장의 원리를 이해하고 흥미를 갖는

무대 장치와 소품을 직접 만질 수 있는 극장 체험실

데 도움을 준다. 아이가 있다면 꼭 데리고 와서 함께 놀고 싶은 그런 공간이다.

이처럼 러시아 공연예술의 연대기와 귀중한 자료들, 그리고 극장에 대한 이해를 높여주는 다양한 전시로 꾸며져 있는 극장 박물관은 페테르부르크의 수많은 극장과 공연을 순례하기 전, 한 번쯤 둘러보는 것을 추천하고 싶은 장소다. 찬란한 과거에서 현재로 이어지는 러시아 공연예술의 계보와 어제의 공연이 미래의 관객으로 이어지는 극장의 계보가 한눈에 들어온다. '고전예술의 성지'로 불리는 페테르부르크의 명성은 바로 이러한 무대의 계보학으로부터 나오는 것임을, 이 작은 박물관에서 다시 한번 확인할 수 있다.

러시아 미술관 Русский музей

○ 미술관 안의 가면극

페테르부르크 방문객들이 1순위로 찾는 미술관은 에르미타주지만, 사실 에르미타주의 소장품은 대부분 서유럽 회화와 조각 중심이다. 서유럽과는 다른 독자적인 색채와 미감을 가지고 있는 러시아 미술의 정수를 느끼고 싶다면, 에르미타주가 아닌 러시아 미술관을 찾아야 한다. 예술광장 정면에 위치한 웅장하고 장엄한 궁전, 이곳이 무려 40만 점 이상의 러시아 미술품을 소장, 전시하고 있는 러시아 미술관 본관이다. 러시아 정교의 성화인 이콘부터 소비에트 사회주의 포스터까지, 오롯이 러시아 회화와 조각, 종교화, 민예품만을 다루는 이곳은 그 자체로 러시아 문화의 보고(寶庫)이자 아카이브다.

러시아 미술관은 본관인 미하일롭스키 궁전을 중심으로 총 4개의 서로 다른 궁전이 각각 운영되고 있는데, 러시아 주요 화가의 대표작과 유명 작품은 본관에 몰려 있어 대부분 이곳만 들렀다 가

예술광장의 푸시킨 동상과 러시아 미술관

곤 한다. 러시아의 국민화가 레핀의 명작과 역사화가 수리코프의 대작, 고전주의 대가 브률로프의 걸작 등 러시아 미술사를 수놓은 거장들의 굵직한 작품은 모두 이곳에 전시되어 있기 때문에, 본관만 둘러봐도 러시아 미술의 흐름을 파악하기에 충분하다. 또한 본관에 딸린 전시실만 수십 개가 넘어 하루 종일 둘러봐도 시간이 빠듯할 지경이다.

하지만 러시아 공연예술에 관심이 있는 사람이라면 본관에서 긴 복도를 따라 이어지는 별관인 베누아 윙(Benois Wing)을 놓쳐서는 안 된다. 하얀 모슬린 커튼이 단정하게 묶여있는 복도를 따라 돌아가면, 본관에서 보았던 18~19세기 러시아 미술과는 사뭇 다른, 20세기 러시아 아방가르드 화가들의 화려한 세계가 펼쳐진다. 특히 이곳 베누아 윙에는 러시아 화가들이 그린 무대 장식, 공연 장면, 무용수들의 초상화가 상당히 많아서 당대의 미술이 극장과 얼마나 긴밀한 관계였는지 확인시켜 준다. 러시아 연극과 발레, 오페라의 명

장면을 담은 화폭과 예술가의 초상화들이 빼곡히 들어찬 이곳은, 고요한 정적 속에서 러시아 공연예술의 찬란한 순간들을 만날 수 있는 미술관 속의 작은 무대다.

그림으로 만나는 오페라

베누아 윙으로 들어가기 직전에 있는 1층 구석 방, 벽 하나를 가득 채운 거대한 그림 한 점이 시선을 사로잡는다. 러시아의 국민화가 일리야 레핀이 그린 <사드코>이다. 원래 <사드코>는 11세기 무렵 고대 러시아 도시인 노브고로드 지방에서 전해오는 민담인데, 이를 바탕으로 림스키-코르사코프가 작곡한 오페라가 마린스키 극장에서 절찬리에 공연되면서 러시아 오페라의 대표작 중 하나가 되었다. 얼마나 인기가 높은지 마린스키 극장 바로 건너편에 위치한, 오랜 전통과 명성을 자랑하는 러시아 레스토랑 이름이 '사드코'일 정도다.

가난하지만 용감한 음유시인 사드코가 어느 날 노브고로드의 상인들과 근처 호수에서 황금물고기를 낚는 내기를 한다. 호수 아래에 사는 해왕의 딸 볼호바의 도움으로 황금물고기를 낚게 된 사드코는 내기에서 진 상인들로부터 많은 돈을 받아 배를 산다. 그로부터 10년 후, 부자가 된 사드코는 배를 타고 돌아오던 중에 큰 풍랑을 만나 물에 빠진다. 바닷속 왕궁에 들어간 사드코는 자신의 특기인 구슬리(러시아 민속 악기)를 연주해 모두를 감동시키고 해왕의 딸 볼호바와 결혼한다. 이때 갑자기 뱃사람의 수호신 성 니콜라스가 등장해 사드코를 집으로 돌려보내고, 볼호바는 노브고로드 근처의 강으로 만들어버린다. 그리하여 집으로 돌아간 사드코는 아내와 함께 행복하게 살았다는 것이 <사드코>의 줄거리이다.

언뜻 들으면 뭐 이런 이야기가 다 있나 싶게 황당하지만, 사실 이 이야기는 사드코의 사랑 이야기라기보다는 노브고로드의 영웅 전설과 민간신앙을 접목한 것에 가깝다. 사드코를 도와 노브고로드에 부와 풍요를 가져다준 볼호바 공주는 그 자체로 볼호프 강을 의인화한 은유라 할 수 있으며, 사드코 또한 노브고로드에 번영을 가져온 상인의 형상을 대표한다. 대부분 고대 전설의 영웅이 용맹한 장수인 반면, 여기서는 번영을 가져다준 상인이 주인공이라는 점에서 상업을 중시했던 노브고로드의 전통을 읽을 수 있다.

마린스키 극장에서 공연 중인 오페라 <사드코>의 하이라이트는 사드코가 구슬리를 연주하는 바닷속 장면인데, 이 장면의 무대 이미지가 바로 레핀의 이 그림에서 비롯되었다. 부드럽게 지느러미를 흔드는 물고기와 살랑이는 해조류, 그 뒤로 우아하게 등장하는 해왕 가족의 행렬이 시선을 사로잡는 그림이다. 주인공 사드코는 오른쪽 아래에 악기를 짚고 서 있는데, 화려한 바닷속 풍경이 아니라 저 너머 지상에 두고 온 아내를 바라보고 있다.

레핀의 <사드코>는 그림만으로도 바닷물이 실제 움직이는 듯 부드럽고 생생한 느낌을 주지만, 마린스키 극장에서 직접 보면 은은한 푸른 막과 조명 덕분에 더욱 아름답고 몽환적인 분위기를 자아낸다. 러시아 사람들은 레핀의 그림을 보면서 오페라 <사드코>를 떠올리고, 또 마린스키의 <사드코>를 보면서는 자연스레 레핀의 그림을 연상한다. 무대와 화폭이 조응하며 더 생생한 이미지를 만들어낸다는 점에서, 레핀의 <사드코>와 마린스키의 <사드코>는 미술과 공연이 윈윈하는 아름다운 예라 할 수 있다.

레핀이 그린 <사드코>

캔버스 속의 광대극

이곳 베누아 윙의 그림 중에는 유난히 광대를 주제로 한 작품이 많다. 특히 알록달록 화려한 의상을 입은 피에로와 장난스러운 아를레킨, 사랑스러운 콜롬비나 등 이탈리아의 전통적 연극 양식인 '코메디아 델라르테'의 주인공들을 화폭 여기저기서 만날 수 있다. 러시아 미술관에 왜 갑자기 이탈리아 유랑극단인가 싶겠지만, 실제로 혁명 직전의 페테르부르크에서 코메디아 델라르테는 어디서나 볼 수 있는 익숙한 풍경이었다. 코메디아 델라르테 풍의 의상과 가면을 쓴 배우, 시인, 화가들이 거리 곳곳을 돌아다녔고, 잡지 표지나 극장 포스터, 광고 전단과 인형극에서도 피에로, 아를레킨, 콜롬비나는 가장 인기 있는 주인공이었다.

20세기 초 페테르부르크에서 코메디아 델라르테가 하나의 아이콘으로 등극하게 된 데는 당대 연출가들의 영향이 컸다. 현실을 그대로 모방하는 사실주의 연극에 반발해 새로운 연극을 찾고자 했던 이들에게 코메디아 델라르테는 가장 매력적인 장르였던 것이다. 피에로와 아를레킨의 화려한 의상과 가면, 발랄하면서도 그로테스크한 몸짓 등은 그 자체로 연극적 환상을 만들어내기에 충분했고, 이들이 등장하기만 해도 무대는 지긋지긋한 현실이 아니라 신나는 축제의 장으로 변했다.

연출가, 배우들은 너 나 할 것 없이 피에로와 아를레킨의 의상을 입고 무대에 섰고, 또 그 의상을 입은 채 살롱과 카페, 거리를 오가며 자신들의 삶을 축제로 만들고자 했다. 베누아 윙 전시실을 가득 메운 광대들의 형상은 화가들이 상상으로 그린 그림이 아니라 혁명 전 페테르부르크의 실제 무대와 삶을 화폭에 담은 리얼한 풍경인 것이다.

그리고 이렇듯 도시 전체를 들썩이게 한 광대들의 화려한 축제 이면에는 앞 장의 카바레 카페 '길 잃은 개'에서 소개한 바 있는, 파국을 감지한 당대 예술가들의 불안한 심리가 깔려 있다. 서서히 달아오르는 혁명의 기운은 무언가 거대한 변화가 다가오고 있다는 기대와 흥분을 불러일으키기에 충분했지만, 누구보다 예민한 감각을 지닌 예술가들은 그 변화가 단순히 긍정적이지만은 아닐 거라 짐작하고 있었다. 말로 설명할 수는 없지만 어떤 파국이 그들을 기다리고 있다는 예감과 그럼에도 이 역사의 흐름을 멈추거나 돌이킬 수 없다는 무력감. 바로 그러한 분위기 속에서 혁명 전 페테르부르크의 예술가들은 불안을 잊기 위해, 그리고 언제 다시 돌아올지 모르는 오늘을 위해 화려한 축제를 펼쳤던 것이다.

캔버스 속의 피에로와 아를레킨은 대부분 얼굴의 반 정도를 가리는 가면을 쓰고 있다. 그들은 저 가면으로 무엇을 숨기려 했으며, 저 가면 뒤에서 어떤 표정을 짓고 있을까. 온갖 화려한 의상을 입은 광대들로 가득한 베누아 윙 전시실은 그 자체로 20세기 초 러시아 예술가들이 펼쳤던 아슬아슬한 가면무도회를 연상시킨다.

혁명이 갈라놓은 운명

한편 베누아 윙에는 음악, 발레, 연극 등 전 장르에 걸쳐 20세기 러시아 공연예술을 화려하게 꽃피웠던 예술가들의 초상화도 여러 점 걸려 있다. 공기보다 가볍게 무대를 떠다니는 듯한 안나 파블로바, 피아노 앞에서 가느다란 손가락을 감싸고 있는 라흐마니노프, 그저 서 있기만 해도 엄청난 존재감으로 무대를 장악했던 오페라 가수 샬리아핀, 그로테스크한 포즈를 취하고 있는 연출가 메이예르홀트 등 그 이름 하나하나가 곧 러시아 무대의 전설이자 역사라 할 수 있는 예술가들의 모습이 화폭에 강렬한 모습으로 아로새겨져 있다. 마치 삶의 전성기를 맞은 예술가들의 빛나는 순간을 캔버스 안에 박제해놓은 듯한 초상화들이다.

하지만 이렇듯 캔버스 속에서는 하나하나 별처럼 빛나는 예술가들이지만, 실제의 삶에서는 대부분 비극적인 운명을 피할 수 없었다. 샬리아핀처럼 비교적 순탄한 인생을 살다 간 예술가도 없지는 않았지만, 바로 옆 그림의 주인공인 연출가 메이예르홀트는 총살로 참혹한 최후를 맞이했고, 건너편 캔버스에 걸려 있는 시인 아흐마토바는 평생 궁핍과 공포에 시달려야 했다.

"혁명이 우리의 운명을 갈라놨다. 샬리아핀과 스타니슬랍스키, 고리키에게는 영광이, 츠베타예바와 자먀틴에게는 궁핍이, 만델슈

연출가 프세볼로트 메이예르홀트의 초상

탑과 메이예르홀트에게는 유형과 총살이…." 이곳의 초상화를 마주하다 보면 어디선가 읽었던 아흐마토바의 일기 한 구절이 떠오른다. 그러면서 과연 무엇이 같은 시대와 혁명을 살아간 이들의 운명을 갈라놓은 것인지 곰곰이 생각하게 만든다. 비운의 예술가들과 그들의 죽음을 고요한 침묵 속에 떠올리게 한다는 점에서, 이곳 베누아 윙의 초상화 전시실은 내게 20세기 러시아 예술가들의 작은 묘지와도 같은 공간이다.

음악 박물관 Музей музыки

○ 시간 속에 새겨진 시와 음악

페테르부르크 중심부에 있는 건물 대부분이 오랜 세월을 자랑하지만, 폰탄카 운하에 있는 쉐레메테프 궁전은 그중에서도 보기 드문 18세기 건물이다. 페테르부르크를 직접 기획하고 만든 표트르 대제가 자신의 최측근인 쉐레메테프 백작에게 하사한 이 궁전은, 연배로 따지자면 이 도시와 거의 같은 나이를 지닌 전설적인 건축물인 것이다. 거대한 철제 대문부터 웅장한 위용을 뽐내는 이 궁전의 본관에서는 유서 깊은 쉐레메테프 가문의 역사와 이 저택에 얽힌 파란만장한 이야기들을 만나볼 수 있다. 현재 음악 박물관인 이곳은 러시아 최대의 악기 컬렉션을 비롯해 음악가에 관련된 귀중한 전시물들이 빼곡히 들어차 있어 눈과 귀가 즐거운 공간이다.

한편 페테르부르크 사람들은 이 집을 쉐레메테프 궁전 대신 '파운틴 하우스'란 애칭으로 더 많이 부르는데, 이는 이 저택에 살았던 한 시인, 러시아가 가장 사랑하는 20세기 시인이라 할 수 있는 안나 아흐마토바를 기억하기 위함이다. 화려한 궁전 뒤편, 초라한 별채의 공동주택에서 반평생을 살았던 그녀 덕분에 이곳은 역사적 건축물이자 음악 박물관인 동시에 영원히 시들지 않는 시(詩)의 성지가 되었다.

파란만장한 300년의 목격자

18세기 중반에 지어진 쉐레메테프 궁전은 건물 자체로도 매우 흥미로운 공간이다. 일단 이곳은 이 도시에서 가장 오래된 건축물 중 하나다. 지금도 아름답지만 18세기에는 페테르부르크에서 가장 크고 호화로운 저택으로 손꼽혔으며, 유럽에서 유행하는 모든 장식, 식기, 음식들을 접할 수 있는 핫플레이스였다. 예전에 화려한 분수가 있었던 관계로 '파운틴 하우스'라 불리기도 했는데, 후에 이곳에 살게 된 아흐마토바가 자신의 시에서 '파운틴 하우스'란 명칭을 사용하면서 원래 이름보다 별칭이 더욱 유명해졌다.

18세기 말, 이곳은 저택뿐만 아니라 쉐레메테프 가문이 소유한 농노 공연단과 합창단, 그리고 저택 내 사설극장으로 명성이 높았고 페테르부르크 사교계의 주요 살롱이자 문화중심지로 자리 잡았다. 특히 예술에 조예가 깊었던 니콜라이 쉐레메테프 백작 시절, 그가 운영하는 농노 공연단은 페테르부르크 최고 수준으로 평가받았다. 니콜라이 백작은 신분을 뛰어넘은 로맨스로도 유명한데, 자신의 농노 공연단원 중 한 명이자 빼어난 노래 실력을 가진 프라스코비아와 평생에 걸친 연애 끝에 정식으로 결혼식을 올려 모두를 깜짝 놀라게 하기도 했다.

예술을 사랑하는 백작 가문의 후원에 힘입어, 쉐레메테프 궁전은 19세기까지 페테르부르크를 대표하는 음악당이자 공연장으로 사랑받았다. 조촐한 가족 예배를 위해 조직한 합창단마저 얼마나 노래를

가장 오래된 건물 중 하나인 쉐레메테프 궁전

잘 불렀는지 유럽에까지 그 이름이 알려졌다 하니, 이 집안의 예술 수준이 어느 정도였는지 충분히 짐작이 간다.

이렇듯 페테르부르크의 화려한 귀족 문화를 꽃피운 쉐레메테프 궁전은 20세기에 들어서 격변의 역사를 마주하게 된다. 1917년 2월 혁명이 일어나는 동안 민중은 이 궁전에 몰려들어 무기를 내놓으라고 요구했고, 이곳의 마지막 주인이었던 세르게이 백작은 그들에게 모든 집기를 나누어주었다. 더 이상 이곳에 머물 수 없음을 깨달은 백작은 이 아름다운 저택이 파괴되는 것을 막기 위해, 이곳을 박물관으로 써달라는 요청과 함께 소비에트 정부에 저택을 넘겼다. 그리고 길고 파란만장한 세월이 흐른 뒤, 이곳은 페테르부르크 음악 박물관으로 새롭게 문을 열게 되었다. 페테르부르크를 통틀어 가장 오래된 저택 중 하나로 이 도시의 모든 역사를 함께해 온 쉐레메테프 궁전은 그 자체로 이 도시의 귀중한 증인이자 300년 역사의 생생한 목격자라 할 수 있다.

음악의 선율이 스며있는 저택

현재 쉐레메테프 궁전은 페테르부르크 국립 극장 음악 박물관 5개 지점 중 하나로, 음악 및 악기 중심의 박물관으로 사용되고 있다. 러시아에서 가장 큰 규모의 악기 컬렉션을 소장하고 있으며, 종종 러시아를 대표하는 작곡가에 관한 전시가 열리기도 한다. 유서 깊은 귀족의 저택이 왜 하필 음악 박물관이 되었을까. 그 궁금증을 해결하기 위해서는 18세기 러시아의 음악공연에 대한 이해가 필요하다.

18세기에 러시아의 음악공연은 공공극장이 아니라 왕궁과 쉐레메테프 실내 극장 같은 귀족의 사설극장에서 이루어졌다. 이제 막 유럽에서 들여온 음악회와 오페라, 연극과 발레 같은 공연문화는 귀족들만의 특권이었고, 그들은 자신들의 살롱을 중심으로 이러한 공연예술을 감상, 육성하고 있었던 것이다. 이후 마린스키나 알렉산드린스키 극장, 필하모니 홀 등 이 도시를 대표하는 극장들이 지어진 뒤에는 귀족들도 호화로운 발코니석을 이용하게 되지만, 여전히 몇몇 귀족은 저택 내 사설극장에 예술가들을 불러 은밀한 자기들만의 공연을 즐겼다.

페테르부르크의 수많은 궁전 중에서도 초기 궁전에 속하는 쉐레메테프 궁전의 사설극장은 궁정극장 버금가는 공연으로 유명했

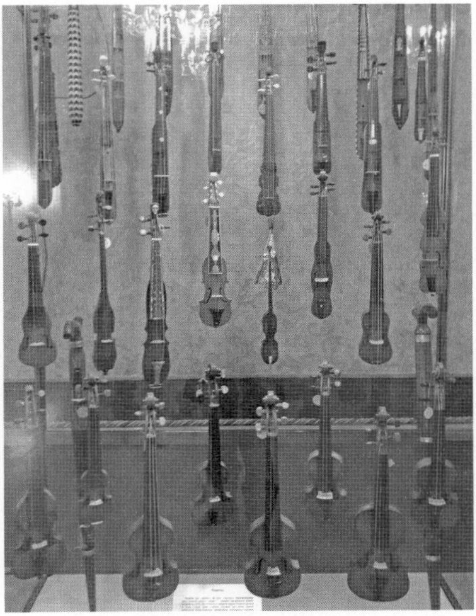

음악 박물관의 악기 컬렉션

다. 오페라의 일부가 아닌 발레 자체를 러시아 최초로 무대에 올린 곳도 이곳이었다. 또한 이 가문 소속의 오케스트라, 합창단, 오페라 가수가 당시 러시아 공연계를 대표했다고 하니, 이 저택 곳곳에 스며든 음악의 흔적은 이곳이 왜 음악 박물관이어야 했는지 이해하기에 충분하다.

음악 박물관에서 핵심적인 전시는 악기 컬렉션이라 할 수 있다. 이 저택에만 무려 3000개가 넘는 악기가 소장, 전시되어 있으며, 그 자체로 역사적 가치가 높은 희귀한 전시물이 많다. 특히 니콜라이 2세를 비롯해 로마노프 황실 일가가 사용하거나 수집한 악기들, 쇼스타코비치가 사용한 그랜드피아노, 고대 동양의 전통악기와 스트라디바리우스가 제작한 진품 바이올린 등 흥미진진한 사연을 지닌 악기들이 많이 진열되어 있다. 또한 일반적인 전시실과 달리 화려하게 꾸며진 방마다 악기들이 우아하게 장식되어 있어서, 박물관이 아니라 18세기 귀족의 저택에 초대받아 온 듯한 기분이 드는 곳이다.

화려한 궁전 뒤의 초라한 별채

쉐레메테프 궁전 바로 뒤쪽 별채에는 20세기 러시아를 대표하는 시인 안나 아흐마토바의 박물관이 있다. 같은 궁전 부지 안에 있는 건물이지만, 궁전을 통해서는 들어갈 수 없고 밖으로 나와 뒤쪽 길로 돌아가야만 박물관 입구를 찾을 수 있다. 하나의 정원을 둘러싸고 있는 앞면과 뒷면이랄까. 눈이 부실 정도로 화려하고 웅장한 궁전 바로 뒤쪽에 이토록 좁고 허름한 별채가 있다는 사실은 그 자체로 이 도시의 극단적 성격, 그리고 이 저택의 극적인 역사를 상징하는 듯하다.

안나 아흐마토바는 모든 러시아인들이 가장 사랑하는 20세기 시인이자 그 스스로 페테르부르크를 누구보다 사랑했던 시인이다. 그리고 페테르부르크에서 그녀의 삶은 대부분 이 파운틴 하우스와 연결되어 있다. 1918년, 두 번째 남편인 쉴레이코와 함께 살면서 아흐마토바와 이 저택의 길고 깊은 인연이 시작되었다. 쉴레이코는 쉐레메테프 가의 마지막 주인인 세르게이 백작 손자들의 가정교사였다. 백작이 저택을 정부에 넘긴 뒤에도 이 저택에 속한 하인들은 계속 머무를 수 있었고, 덕분에 가정교사였던 쉴레이코도 별채에서 지낼 수 있었던 것이다. 아흐마토바는 이곳에 도착한 순간부터 자신과 이 공간이 깊이 연결되어 있다고 느꼈고, 실제로 이후 30년이 넘는 세월 동안 이곳에 머물렀다.

20세기 초 시인으로서 최고의 인기와 명성을 누렸던 아흐마토바는 스탈린이 집권하면서 끝이 보이지 않는 고통과 치욕의 세월을 견뎌야 했다. 먼저 그녀의 첫 남편인 구밀료프가 총살당했다. 그는 볼셰비키에 의해 처형된 최초의 시인이었다. 비록 이혼한 상태이긴 했지만 아흐마토바와 그녀의 아들에겐 '인민의 적'이란 낙인이 찍혔고, 이후 그녀의 창작활동에 대한 길고 집요한 탄압이 시작되었다.

그녀의 시는 비정치적이란 이유로 출판을 금지당했고, 당은 그녀의 집을 드나드는 모든 방문객을 경계하고 감시했다. 아흐마토바는 침묵을 지켰으나 그녀의 시가 워낙 인기가 많고 영향력이 크다 보니 늘 당의 주목을 받지 않을 수 없었다. 모스크바에서 열린 문학의 밤에서 그녀의 시가 3천 명의 청중으로부터 기립을 받자 그 기립을 조직한 사람이 누구인지 스탈린이 물었다는 웃지 못할 해프닝이 있을 정도다.

고통과 영광의 시가 새겨진 곳

아흐마토바에 대한 비판의 강도는 날이 갈수록 더욱 세졌다. 그녀의 시는 귀족 문화의 찌꺼기라며 비난받았고 그녀 자신도 "반은 창녀, 반은 수녀"라는 악의적인 평가를 받았다. 아흐마토바는 배급표를 박탈당했고, 하나뿐인 아들은 몇 차례씩 감옥에 잡혀갔다. 시인으로서 침묵을 강요당한 채, 아흐마토바는 오로지 아들을 만나기 위해 다른 수많은 어머니들처럼 차가운 감옥 앞에 긴 줄을 서서 기다려야 했다.

정치적 탄압뿐만 아니라 사생활에서도 그녀는 참으로 고단한 삶을 이어갔는데, 그 흔적을 그녀가 살았던 이곳 별채에서 찾을 수 있다. 쉐레메테프 궁전과 같은 부지에 있는 집이라고는 믿기지 않을 만큼 낡고 비좁은 건물, 칙칙한 복도를 따라 작은방들이 다닥다닥

아흐마토바가 살았던 공동주택의 초라한 방

붙어 있다. 낮에도 빛이 들지 않아 어두컴컴하고 석탄 그을음이 들러붙어 지저분하기 그지없는 이 작은방에서 그녀는 세 번째 남편과 그의 전처, 그들의 딸과 함께 지내야 했다.

혁명 이후 볼셰비키는 많은 저택을 공동주택으로 전환해 여러 가족이 함께 지내도록 했다. 단순히 집이 부족해서만은 아니었다. 그들은 공동주택에서 함께 살아감으로써 사람들의 기본적인 사고와 생활방식을 공산주의적으로 바꿀 수 있다고 믿었던 것이다. 지금도 이곳 별채에 남겨진 공동주택의 흔적과 아흐마토바가 고독할 틈도 없이 사람들과 부대끼며 살아간 작은방을 보고 있노라면, 한 사람의 인간이자 예술가로서 그녀가 겪었을 고단하고 팍팍한 삶이 새삼 진하게 다가온다.

이혼과 사별, 아들의 체포, 남편의 전처와의 공동생활 등 씻을 수 없는 아픔과 상처를 남겨준 곳이었음에도 아흐마토바는 이 저택을 깊이 사랑했고, 자신의 시 속에도 '파운틴 하우스'란 이름으로 여러 번 등장시켰다. 그리고 이제는 그녀의 시를 사랑하는 페테르부르크 시민 대부분이 이곳을 쉐레메테프 궁전보다 파운틴 하우스라 부르며 시인을 기억한다.

쉐레메테프 궁전을 둘러본 뒤 궁전 뒤쪽 아흐마토바 박물관을 찾아가는 길은 그 자체로 역사의 앞면과 뒷면을 찾아가는 여정과도 같다. 화려한 러시아 귀족 문화의 흔적과 음악의 선율, 그리고 고통과 영광의 시가 모두 새겨진 곳이라는 점에서 쉐레메테프 궁전은 단순한 박물관 이상의 무언가를 남겨주는, 역사와 예술의 무대라 할 수 있다.

러시아 정치사 박물관 Музей политической истории России

○ 발레리나의 살롱, 혁명가의 발코니

페테르부르크는 상반되는 요소들이 미묘한 방식으로 공존하는 도시다. 제정 러시아의 화려한 황실문화와 도시의 밑바닥에서 시작된 프롤레타리아 혁명, 푸른 비단처럼 아름다운 네바강과 악취로 가득한 뒷골목 운하, 담벼락에 남아있는 사회주의 표어들과 넵스키 대로를 쌩쌩 달리는 고급 외제 차들. 서로 다른 것을 넘어 상극의 요소들이 서로 아무렇지도 않게 어우러져 있는 모습을 보면 가끔 아찔한 간극이 느껴지기도 하지만, 때로는 거기서 묘한 매력을 발견하기도 한다. 마치 모순덩어리지만 여전히 사람을 끌어당기는 매혹적인 인물처럼.

이러한 극과 극의 요소를 품고 있는 페테르부르크의 특징을 가장 상징적으로 보여주는 공간이 바로 러시아 정치사 박물관이다. 네바강의 트로이츠키 다리를 건너면 바로 보이는 이 고풍스러운 건물은 제정 러시아 황실의 후원 속에서 당대 최고의 발레리나로 이름을 날린 마틸다 크셰신스카야의 저택이자 1917년 혁명 당시 볼셰비키 당사였다. 지금은 러시아 정치사 박물관으로 사용되고 있지만, 1층 한구석에는 이 건물의 원래 주인이었던 크셰신스카야의 기념관이 있고, 바로 위층에는 레닌이 역사적인 연설을 펼쳤던 집무실 발코니가 그대로 보존되어 있어 역사적으로도 매우 흥미롭고 드라마틱한 공간이다.

황태자의 연인 마틸다

이 저택의 원래 주인은 폴란드계 러시아 무용수인 마틸다 크셰신스카야였다(때로는 폴란드식 이름인 크셰신스카라 표기하기도 한다). 마틸다는 황실 발레학교를 졸업함과 동시에 마린스키 발레단에 입단, 겨우 23세에 최고의 프리마 발레리나를 일컫는 아솔루타(assoluta)가 되는 등 초고속으로 커리어를 쌓았다. 마틸다는 특히 한쪽 다리로 서서 다른 쪽 다리의 힘으로 회전하는 푸에테 기술의 전문가로, 러시아에서는 처음으로 32회 연속 푸에테에 성공해 이름을 널리 알리기도 했다.

눈부신 발레 커리어만큼이나 그녀의 사생활 또한 비할 바 없이 화려했다. 궁정예술에서 시작된 발레는 그 특성상 후원자인 황실 가족과 접촉할 기회가 많았고, 발레리나와 황실 남성들 간의 염문이 자주 일어났다. 그중에서도 마틸다의 스캔들은 모두의 시선을 주목시킬 만큼 파격적이었다. 러시아의 마지막 황제인 니콜라이 2세가 황태자이던 시절, 마틸다와 연인 관계였다는 것은 널리 알려진 사실이다. 2017년 제작된 영화 <마틸다, 황제의 연인>에 그려진 두 사람의 관계는 지나치게 과장되어 있어 믿을 수 없지만, 실제로 두 사람이 주고받은 애정의 징표는 여기저기 남아있으며 무엇보다 바로 이 건물이 증거이다. 크셰신스카야 맨션이라 불리는 이 저택 역시 황태자가 그녀를 위해 따로 마련해 준 집이었던 것이다.

니콜라이가 러시아 황제 자리에 오르고 난 뒤, 마틸다는 두 명의 황실 대공과 깊은 관계를 유지하면서 자신의 명성과 부를 지켰으며, 러시아 혁명이 발발한 후에는 그중 한 명과 프랑스로 망명해 그곳에서 정식으로 결혼식을 올렸다. 망명 후에도 60대까지 무대에 서고, 이후에도 발레 스쿨을 운영하며 수많은 발레리나를 키워낸 마틸다는 99세가 되어서야 그 뜨겁고 파란만장한 생애를 마쳤다. 거의 한 세기에 가까운 그녀의 삶은 그 자체로 열정과 모험, 운명적 선택으로 가득 차 있는 한 편의 로맨스 소설과도 같다.

레닌의 전설적인 발코니 연설

마틸다의 고상한 취향이 반영된 크셰신스카야 맨션은 절묘한 비대칭 공간으로 이어져 있으며, 붉은색과 회색의 화강암과 벽돌, 색색의 타일로 이루어진 아름다운 건물이다. 크셰신스카야의 인기에 힘입어 이 건물에는 오페라 가수 샬리아핀, 발레리나 파블로바와 니진스키 등 당대 최고의 예술가들이 단골손님으로 드나들었고, 밤마다 화려한 불빛으로 네바강을 비추는 예술 살롱과 같은 역할을 했다.

그러나 러시아를, 아니 세계를 뒤흔든 볼셰비키 혁명의 진동 속에서 이 건물은 극적인 반전을 맞게 된다. 1917년, 2월 혁명이 일어나고 얼마 안 되어 마틸다는 프랑스 망명길에 올랐고, 그녀가 떠난 지 이틀도 안 되어 볼셰비키 당원들이 이곳을 점령했다. 이후 이 저택은 사회주의 혁명 완수에 있어 가장 중요한 공간 중 하나로 이름을 남기게 된다. 단 며칠 만에 뒤집힌 극과 극의 상황, 크셰신스카야 맨션의 운명은 그 자체로 러시아 역사의 극단성을 보여주는 하나의

핀란스키역 앞의 레닌 동상

상징이라 해도 과언이 아니다.

볼셰비키의 점령 이후 크셰신스카야 맨션은 볼셰비키 사무실과 기관지인 「프라우다」 편집국으로 사용되면서 실질적인 혁명 중앙 본부가 되었다. 지금도 이 건물 2층에는 당시 레닌의 집무실과 「프라우다」 편집실이 그대로 보존되어 당시의 치열한 분위기를 생생하게 전해준다. 특히 2층 집무실에 딸린 발코니는 레닌이 역사적인 연설을 했던 곳으로, 레닌을 기념하는 그림과 우표에서 자주 배경으로 등장하는 바로 그 공간이다.

1917년 4월, 17년간의 망명생활을 마치고 드디어 페테르부르크(당시 이름은 페트로그라드)로 돌아온 레닌은 기차가 정착한 핀란스키 역에서 한차례 연설을 마친 뒤 볼셰비키 당사로 쓰이고 있던 크셰신스카야 맨션에 도착했다. 그의 귀국 소식을 들은 프롤레타리아 병사와 군인들은 하루 종일 이곳에서 레닌을 기다리고 있었고, 레닌은 그들의 기대에 부응하고자 이 발코니에서 짧지만 강력한 연설을 이어갔다. 연설은 핀란스키 역에서의 내용과 크게 다르지 않았다. 임시정부와의 협력을 거부하고 소비에트 프롤레타리아의 단결을 통해 혁명을 완수하자는 그의 핵심적인 생각이 고스란히 담겨 있었다. "모든 권력은 소비에트로!" 그 유명한 레닌의 4월 테제가 바로 이 연설에서 다시 한번 강조되었고, 이로써 크셰신스카야 맨션의 2층 발코니는 이후 전설적인 '레닌의 연설 무대'로 널리 알려지게 되었다.

현재 레닌의 집무실에서 발코니로 나가는 입구는 막혀있지만, 바로 옆에 그 역사적인 현장을 담은 커다란 그림이 걸려 있어 당시의 요란한 함성과 박수 소리가 귀에 들리는 듯하다. 레닌 이후에도 이곳은 스탈린, 지노비예프 등 소비에트 최고 권력자들의 집무실이자 혁명의 근거지로 혁혁한 역할을 수행했고, 여러 정부와 기관의 손을 거쳐 1955년부터는 10월 혁명 박물관으로 사용되었다. 그리고 다시 40년이 지나 소비에트 연방이 무너진 뒤에는 격동의 근현대사를 아우르는 러시아 정치사 박물관으로 다시 태어났다.

극과 극의 드라마가 펼쳐진 무대

이렇듯 황태자의 연인 마틸다의 저택이었던 크셰신스카야 맨션은 볼셰비키 당사와 10월 혁명 박물관을 거쳐 1991년 러시아 정치사 박물관으로 다시 태어나는 등 여러 차례 극적인 변화를 겪었다. 현재 이 박물관은 이전에 사용되었던 10월 혁명 박물관의 소장품

안드레이 타르코프스키 감독의 모자

을 바탕으로, 혁명 이전과 이후의 역사를 보강하여 러시아 근현대사를 한눈에 보고 배울 수 있는 공간으로 자리 잡았다. 전시실마다 빼곡히 차 있는 설명과 전시물들이 제정 말기부터 두 차례의 혁명, 그리고 소비에트 시기와 내전, 페레스트로이카와 소련 붕괴 후 현대 러시아에 이르기까지 격동의 역사를 상세하고 꼼꼼하게 알려주고 있어 하루 종일 돌아보아도 시간이 모자라는 곳이다.

러시아 정치사 박물관은 러시아 유명 인사들의 방대한 유품을 소장하고 있는 것으로 유명한데, 마지막 황제 니콜라이 2세를 비롯해 레닌, 스탈린, 흐루쇼프, 고르바초프, 옐친의 친필 편지와 문서, 그들의 개인용품들이 원래 모습 그대로 보관되어 있다. 특히 1991년 소비에트 붕괴 후에는 소련 정부의 기밀이 담겨 있는 전시물도 일부 공개되었고, 세계 최초의 우주인인 유리 가가린의 라이터, 러시아 예술영화의 거장 안드레이 타르코프스키의 모자와 파이프도 추가되었다.

전시실 뒤쪽에는 소비에트 공동주택을 재현한 공간과 공산주의 시절의 식료품점, 당원의 사무실과 취조실 등 소련 시대 서민들

러시아 정치사 박물관 2층의 레닌 집무실

의 일상을 시각적, 공간적으로 느낄 수 있게 해놓았다. 희미한 조명과 기름때 가득한 공동주택의 비좁은 부엌 공간, 그리고 사방이 꽉 막힌 취조실을 둘러보며 마음 한구석이 답답해지는 기분을 느낀 뒤 1층으로 내려오면 갑자기 눈을 의심하게 만드는 화려한 공간이 펼쳐진다.

이 저택의 중앙 응접실이자 원래 주인인 마틸다가 손님을 맞이했던 화이트홀이다. 반짝이는 크리스털 샹들리에와 화려한 장식의 거울, 대리석 바닥과 우아한 가구가 고전적인 스타일로 장식되어 있는 이곳은 이 건물의 가장 오래된 기억이 담겨 있는 공간이다. 저택의 원래 주인이었던 마틸다의 흔적은 오직 이곳, 화이트홀의 기념관에 남아 저택의 역사를 증언하고 있다. 기념관에는 마틸다의 발레 의상과 공연 사진, 그녀가 사용한 부채와 오페라글라스, 그리고 여러 연인과 주고받은 편지가 박물관 속의 박물관처럼 고요히 놓여있다.

사실 마틸다 개인의 삶이나 화려했던 연애사 자체는 특별하게 와닿지 않지만, 서로 다른 주인을 맞이해 극과 극의 드라마가 펼쳐졌던 이 건물의 역사만큼은 흥미롭기 짝이 없다. 제정 러시아 시절 가장 화려한 삶을 살다간 발레리나의 살롱과 역사상 가장 유명한 정치가가 뜨거운 연설을 펼쳤던 무대. 러시아 정치사 박물관, 일명 크세신스카야 맨션은 비록 정식 극장은 아니지만, 그 어떤 극장도 담아내지 못한 극과 극의 드라마가 펼쳐진 곳이라는 점에서, 이 극적인 도시 페테르부르크에서 만날 수 있는 가장 흥미로운 무대 중 하나라 할 수 있다.

페테르부르크는 그 자체로 하나의 거대한 무대이다. 이곳은 오랫동안 수많은 러시아 예술 작품의 배경으로 등장해왔으며, 러시아 역사의 생생한 현장이자 역사를 바꾼 사건들의 주요 무대가 되기도 했다. 이 장에서는 먼저 페테르부르크가 주요 무대로 등장하는 소설, 연극, 음악, 발레 작품을 장르별로 소개한 뒤, 이 도시가 러시아 역사상 가장 드라마틱한 사건의 무대였던 순간들을 이야기한다.

무대로서의 도시

페테르부르크 운하와 뒷골목

3장. 예술 작품의 무대 ○

고골과 도스토옙스키

○ 소설을 읽으며 걷는 하얀 밤

페테르부르크는 단연 문학의 도시다. 러시아의 모든 도시 중에서, 아니 전 유럽을 통틀어 한 도시가 이렇게 자주 문학의 배경으로 등장하고, 때로는 배경을 넘어 작품의 주제이자 주인공으로까지 등장하는 예는 쉽게 찾기 힘들 것이다. 러시아 문학의 명성을 전 세계에 널리 알린 일등공신이라 할 수 있는 19세기 러시아 소설에 가장 자주 등장하는 도시 역시 페테르부르크이다.

러시아 문학의 초석을 닦은 푸시킨부터 고골, 투르게네프, 도스토옙스키와 톨스토이에 이르기까지, 19세기 러시아 문학의 금자탑을 쌓아 올린 작가들의 소설 대부분은 이곳 페테르부르크를 배경으로 펼쳐지거나 이곳을 스쳐 지나간다. 또 고골의 『페테르부르크 이야기』, 도스토옙스키의 『페테르부르크 연대기』, 벨리의 『페테르부르크』처럼 이 도시를 아예 작품의 제목으로 내세우거나 주제 삼아 써 내려간 소설도 심심치 않게 찾아볼 수 있다.

한 가지 흥미로운 것은 대부분의 러시아 소설에서 페테르부르크는 평범하고 일상적인 삶이 펼쳐지는 현실적인 도시가 아니라, 굉

장히 그로테스크하거나 매우 환상적이고 신화적인, 비일상적 공간으로 그려져 있다는 점이다. 특히 페테르부르크를 배경으로 하는 소설 중 많은 작품이 '환상문학'으로 분류될 만큼 환상성은 이 도시를 특징짓는 중요한 요소라 할 수 있는데, 이는 사실 이 도시의 태생과 연관이 깊다.

판타지와 유령의 도시

고대 슬라브인들이 정착해 살면서 천천히 발전시킨 모스크바와 달리, 페테르부르크는 태생부터 매우 인위적이고 계획적인 도시였다. 18세기에 표트르 대제가 낙후된 러시아를 발전시키기 위해 유럽에 가까운 이 늪지대를 새로운 수도로 만들겠다고 결심한 이후, 아무것도 없던 이곳에 갑작스레 휘황찬란한 도시가 생겨난 것이다.

사실 이 지역은 한 나라의 수도로 삼기에 그다지 좋은 조건은 아니었다. 핀란드해와 네바강에서 불어오는 세찬 바람과 습한 늪지대에서 피어오르는 물안개, 지나치게 길거나 짧은 낮과 밤 등 누가 봐도 쾌적한 도시 조건이 아니었음에도, 표트르 대제는 자신의 생각을 밀어붙였다. 곧 엄청난 인원이 동원되었고, 무자비한 노동조건 속에서 수많은 이들의 죽음과 희생을 갈아 넣은 채, 이윽고 네바강에 페테르부르크라는 도시가 우뚝 세워졌다.

마치 <알라딘>에 나오는 마법의 궁전처럼, 페테르부르크는 어느 날 갑자기 솟아났다. 이곳은 오랜 시간을 두고 조금씩 발전해나간 자연스러운 도시가 아니라, 처음부터 완성된 모습으로 짜잔 하고 등장한 도시다. 아무것도 없던 땅에 갑자기 솟아난 이 눈부시게 화려한 도시는 그 자체로 하나의 기적처럼 보였고, 이를 바탕으로 이 도시를 둘러싼 수많은 신화와 전설이 만들어졌다. 특히 페테르부르크가 네바강과 운하, 그리고 늪지라는, 물 위에 세워진 도시라는 사실은 이 도시가 땅에 굳건히 뿌리내린 곳이 아닌 신기루 같은 공간이라는 인상을 남겼고, 이것이 이 도시를 더욱 환상적으로 만들었다. 페테르부르크를 배경으로 한 많은 문학에서 이곳이 초자연적이거나 환상적인 공간으로 그려지고, 도시를 배회하는 주인공 중 유난히 몽상가가 많은 것은 모두 이러한 도시의 태생적인 특성과 관련이 있다.

또 한 가지, 페테르부르크의 특징은 이곳이 그전까지 러시아에서 찾아볼 수 없던 유럽풍의 도시라는 점이었다. 여기서 중요한 것은 유럽이 아니라 유럽'풍'의 도시라는 지점이다. 페테르부르크를 '유럽을 향한 창'으로 만들고 싶었던 표트르 대제는 당대 최고의 건축가들을 불러 모았고, 이들은 강과 운하를 따라 베네치아와 암스테르담, 로마를 연상시키는 장대한 건축물들을 세웠다. 그러나 이렇게 온갖 유럽의 스타일을 가져왔기 때문에 결코 유럽이 될 수 없는, 이 도시의 또 다른 특징이 생겨났다. 즉, 페테르부르크 전체에 걸쳐 흐르는 유럽적이면서 유럽이 아닌, 인위적이면서 이국적인 분위기가 이 도시에 어떤 특별한 정취를 만들어낸 것이다.

여기에 네바강과 운하를 따라 피어나는 짙은 안개와 한겨울의 눈보라, 몽환적인 백야에 이르기까지 남다른 기후조건이 더해져 이 도시의 환상적인 분위기는 더욱 강렬하게 사람들을 사로잡았고, 늪지대를 도시로 만드는 과정에서 죽어간 사람들의 이야기는 수많은 괴담과 유령 이야기의 바탕이 되었다. 이런 과정을 거쳐 만들어진 도시 페테르부르크는 이후 수많은 문학 작품 속에서 환상적이고 비현실적인 이야기의 배경으로 등장하면서 '페테르부르크 텍스트'라는 하나의 장르를 만들어냈다. '페테르부르크 텍스트'의 계보를 잇는 작가들은 수없이 많지만, 소설의 무대로 이 도시를 이야기할 때 가장 먼저 떠오르는 작가는 역시 고골과 도스토옙스키다.

넵스키 대로보다 좋은 곳은 없다

페테르부르크의 거리를 걷다 보면 이런저런 사연이 담긴 동상과 조각을 종종 마주치게 되는데, 그중 가장 당황스러운 것은 한 건물 벽에 생뚱맞게 붙어 있는 '코' 조각일 것이다. 이 조각은 페테르부르크를 배경으로 한 고골의 단편소설 『코』에 등장하는 '코'를 형상화한 것이다. 어느 날 아침 일어나 보니 한 관리의 코가 감쪽같이 사라졌는데, 그 코가 사람처럼 거리를 활보하면서 소동을 벌이다 다시 자기 자리로 돌아갔다는 이 기괴한 이야기는 고골의 작품 중에서도 대표적인 환상소설로 손꼽힌다.

고골은 페테르부르크라는 도시를 환상적이고 그로테스크한 이야기의 무대로 각인시킨 작가라 할 수 있다. 우크라이나 출신으로 어렵게 수도에 자리를 잡고 이곳에서 살아남기 위해 안간힘을 썼던 고골은, 바로 그렇기 때문에 외부인이자 주변인의 시선으로 이곳 페테르부르크의 치부와 속살을 낱낱이 들여다볼 수 있었다. 이 도시에 대한 고골의 애증 어린 시선은 그의 초기작 대부분에서 발견할 수 있는데, 특히 단편소설인 『넵스키 대로』가 대표적이다.

페테르부르크 최고의 번화가인 넵스키 대로는 지금도 이 도시의 중심부이다. 도시의 주요 행사와 퍼레이드는 모두 여기서 펼쳐진다. 또, 이 대로를 따라 궁전과 성당, 백화점, 극장, 도서관 등 도시의 주요 시설과 건축물이 몰려 있기 때문에 페테르부르크 관광의 핵심지이기도 하다. 역사와 전통이 느껴지는 건물 사이사이에 최신 유행하는 의류 브랜드와 스타벅스, 고급 백화점 등이 빼곡하게 들어차 있는 넵스키 대로는 아무리 걸어도 질리지 않고 매번 새로운 흥밋거리를 발견하게 되는 보물창고 같은 곳이다.

고골이 살았던 19세기에도 넵스키 대로는 귀족들의 마차와 고급 상점, 행인들의 물결이 끊이지 않는 화려한 공간이었다. 하지만

고골의 <코>를 형상화한 부조

고골은 소설 속에서 넵스키 대로를 향해 애정과 증오가 뒤섞인 이중적인 시선을 보여준다. 소설의 첫 부분에서는 "페테르부르크에 넵스키 대로보다 더 좋은 곳은 없다"라며 이 거리를 찬양하지만, 마지막 부분에 이르러서는 "넵스키 대로를 믿지 마라! 모든 것이 기만이고 모든 것이 꿈이며 모든 것이 겉보기와는 다르다"라며 경고하고 있다. 고골의 눈에 넵스키 대로는 화려하고 아름답지만, 동시에 사람들의 욕망과 허영, 위선이 판치는 거짓된 공간이었고, 이는 넵스키 대로뿐만 아니라 페테르부르크라는 도시 전체를 바라보는 작가의 시선과도 맞닿아 있다. 이방인인 고골의 눈으로 바라본 페테르부르크는 화려하게 포장되어 있으나 실체가 없는, 공허한 환영 같은 도시였던 것이다. 이 도시를 배경으로 한 고골의 소설에 코와 광인, 유령 등 환상적인 설정이 유난히 많은 것은 바로 이러한 페

거리 한복판의 도스토옙스키 동상

테르부르크의 신기루 같은 특성을 강조하기 위한 문학적 장치라 할 수 있다.

라스콜니코프를 따라 730걸음

페테르부르크의 그리보예도프 운하를 따라 걷다 보면, 사람들이 한 손에 책을 쥔 채 허름한 거리와 골목을 열심히 찾아다니는 광경을 자주 보게 된다. 번화한 도심에서 한참 떨어진 낡고 더러운 골목을 기웃거리면서도 사람들의 표정은 보물이라도 찾는 듯 사뭇 진지한데, 사실 이들이 열심히 찾고 있는 것은 한 살인 사건의 현장이다. 한낱 범죄현장을 보기 위해 전 세계에서 몰려든 사람들이 어두운 뒷골목을 걸으며 열광하고 있다니, 정말 흥미로운 현상이 아닐 수 없다. 심지어 실제로 일어난 사건도 아닌데 말이다.

이들이 열심히 지도를 따라 걷고 있는 곳은 바로 도스토옙스키의 소설 『죄와 벌』에 등장하는 살인 루트다. 주인공 라스콜니코프가 자신의 하숙집에서 나와 살인을 계획하며 걸어가는 730걸음, 소설의 첫 문장에 언급되는 S 골목과 K 다리가 바로 이 루트의 시작이다. 라스콜니코프는 작가가 창조해낸 허구의 인물이지만, 『죄와 벌』을 읽고 치명적인 감동을 받은 사람들은 모든 게 허구라는 걸 알면서도 굳이 이 허름한 골목을 찾아 그의 행보를 따라가는 문학 순례를 기꺼이 청한다. 이 순례 코스에는 실재하는 S 골목과 K 다리뿐만 아니라 소설의 문장을 토대로 사람들이 추정해낸 라스콜니코프의 하숙집 건물과 살해당한 고리대금업자 노파의 집, 그리고 주인공이 자수하기 전 땅에 엎드려 입을 맞춘 센나야 광장 등이 포함되어 있다. 요즘에는 『죄와 벌』을 따라 읽으며 이 지역을 탐방하는 가이드 투어나 도스토옙스키의 행적을 더듬어가는 문학기행 등 도스토옙스키를 주제로 한 여행상품들도 인기가 높다.

사실 페테르부르크는 도스토옙스키 애독자와 추종자들에게는 정말 성지와 같은 곳이다. 첫 작품인 『가난한 사람들』부터 『백야』 『죄와 벌』 등 수많은 도스토옙스키 소설의 배경인 운하와 골목들이 옛 모습 그대로 남아있고, 도스토옙스키가 최후의 대작을 쓰고 임종을 맞이한 집이 박물관으로 보존되어 있으며, 늘 꽃과 화환이 끊이지 않는 그의 묘지도 지척에 있으니 말이다. 나 역시 이 도시를 처음 찾았던 해, 도스토옙스키의 생일에 맞추어 작은 꽃다발을 들고 경건한 마음으로 그의 묘지를 찾아갔던 기억이 있다.

이렇듯 작가의 흔적이 남아있는 특정한 장소나 기념지를 찾아가는 것도 좋지만, 보다 밀도 있게 그의 문학을 체험하고 싶다면 개인적으로는 어느 안개 낀 새벽이나 백야가 은은한 빛을 뿜어내는

한밤의 그리보예도프 운하

밤, 페테르부르크의 운하와 뒷골목을 따라 정처 없이 걸어보는 걸 권하고 싶다. 백야의 빛과 물안개가 만들어내는 몽환적인 기운, 여기에 운하에 비친 도시의 풍경이 어우러져 꿈인지 현실인지 구분할 수 없고 이 도시 전체가 신기루처럼 느껴지는 그 순간이야말로 도스토옙스키가 그려낸, 그리고 그가 사랑했던 페테르부르크의 진짜 모습이니 말이다.

"나는 마치 그림자처럼 까닭 없이, 목적도 없이 우울하고 침울하게 페테르부르크의 골목골목, 거리거리를 싸돌아다닙니다…. 그런 순간이면 나는 진정하고 현실적인 것에 대한 모든 감각을 상실한 것처럼 느껴집니다." (도스토옙스키 저, 석영중 역 『백야』 중)

레르몬토프의 <가면무도회>

○ 한 시대의 종말을 알린 연극

밤이면 밤마다 페테르부르크에 있는 백여 개의 극장들은 불을 환하게 밝힌 채 관객을 맞이한다. 겉으로 보기엔 비슷해 보이지만 내부의 분위기는 극장마다 사뭇 다르다. 특히 관광객들로 가득한 오페라 발레 극장이나 음악 홀과 달리, 드라마 극장에 들어가면 관광객은 거의 찾아볼 수 없고 진지한 표정으로 프로그램을 읽고 있는 러시아 관객을 잔뜩 만날 수 있다. 아무래도 언어의 장벽이 있다 보니 외국인으로서 드라마 극장을 찾아가는 것은 많은 용기가 필요한 일이다. 하지만 페테르부르크의 드라마 극장 대부분은 셰익스피어나 체호프같이 잘 알려진 고전극을 레퍼토리에 포함하고 있으니, 이미 내용을 아는 작품이라면 용기를 내어 한 번 찾아가 보는 것도 나쁘지 않다. 특히 러시아 연극은 무대 공간 활용이나 배우들의 연기술에 있어 세계 최고의 수준을 자랑하는 만큼, 같은 이야기를 어떤 방식으로 무대에 펼쳐놓는지 비교하다 보면 나름 연극을 감상하는 즐거움도 생길 것이다.

페테르부르크의 드라마 극장 중 가장 오래된 무대는 오스트롭

오스트롭스키 광장에 위치한 알렉산드린스키 극장

스키 광장에 위치한 알렉산드린스키 극장이다. 제정 러시아 시절에 지어진 이 극장은 19세기 러시아 작가들과 깊은 인연을 이어왔는데, 특히 체호프의 <갈매기>와 고골의 <검찰관> 초연을 비롯해 수많은 고전 드라마를 최초로 소개한 무대로 유명하다. 사실 러시아 연극 하면 가장 먼저 떠올리게 되는 작품이 바로 체호프의 <갈매기>와 고골의 <검찰관>이다. 그러나 공교롭게도 이 두 작품은 모두 페테르부르크에서 초연되기는 했지만, 한적한 시골 영지와 지방 소도시를 배경으로 하고 있다.

페테르부르크의 무대에 오른 연극 중 이 도시를 배경으로 하면서, 또한 이 도시의 역사와 가장 드라마틱하게 엮인 작품은 1917년 알렉산드린스키 극장에서 초연된 레르몬토프 작, 메이예르홀트 연출의 <가면무도회>일 것이다. 2월 혁명 직전, 연출가와 배우 모두 흥분한 시위대를 피해 극장에 들어가 초연을 준비했다는 <가면무도회>는 그 자체로 러시아 연극사에서 가장 연극적인 사건으로 남은 공연이다. 혁명 전야, 황실 극장 무대에 올라 화려한 박수갈채를 받았던 이 작품은 다음 날 바로 공연이 취소되면서 제정 러시아의 종말을 알리는 상징적인 사건이 되었다.

총성과 함께 막이 오르다

1917년 2월 25일 <가면무도회>의 초연 날. 아침부터 도시는 불안했고 배우들은 넵스키 대로를 가득 메운 군중들과 피켓을 피해 간신히 극장 안으로 들어갈 수 있었다. 최종 리허설을 할 때까지도 과연 무사히 공연이 올라갈 수 있을지 불안한 기운이 감돌았다. 그러나 공연이 시작될 무렵이 되자 극장 안은 관객들로 가득 찼고, 박스석에는 우아한 옷차림의 대공과 귀족들이 자리를 잡았다. 거리 밖에서는 빵을 달라는 노동자들의 외침이 점점 거세지고 있었지만, 극장 안에서는 화려한 의상과 무대장치 속에서 슬프고 아름다운 가면무도회가 펼쳐지고 있었다. 이곳은 바깥 현실과는 완전히 다른 세상 같았다.

다음 날인 26일에는 넵스키 대로에 전기가 들어오지 않았다. 극장은 정시 개막을 위해 리허설을 준비했지만, 알렉산드린스키 극장 앞에서 노동자들과 군대가 정면으로 충돌했고, 한 학생이 총알에 맞아 쓰러졌다. 극장장은 주연 배우에게 전화를 걸어 공연은 취소되었고, 유혈사태가 일어나고 있으니 집에서 나오지 말라고 신신당부를 했다. 그리고 이틀 뒤, 2월 혁명으로 니콜라이 2세가 퇴위를 선언하면서 300년 로마노프 황실의 장엄한 막이 내렸다. 연출가 메이예르홀트가 장장 5년에 걸쳐 준비했던 야심작 <가면무도회>는 이렇게 단 하루의 공연을 끝으로, 제정 러시아의 마지막 연극이라는 타

이틀을 단 채 역사 속으로 사라지게 된 것이다.

하지만 10월 혁명 이후 소비에트 연극계를 대표하게 된 메이예르홀트는 이 작품을 다시 알렉산드린스키 극장에서 공연하고자 했고, 20년간 세 번이나 리바이벌 공연을 올렸다. 1939년 메이예르홀트가 스탈린에게 체포된 뒤에도 공연은 계속되었다. 몇 차례의 위기 속에서도 계속 이어진 <가면무도회> 공연은 1941년 독일군의 폭탄이 극장의 세트 창고를 폭파한 뒤에야 비로소 멈췄는데, 심지어는 레닌그라드 봉쇄 기간에도 의상과 장식 없이 부서진 음악 홀 무대에서 공연을 이어갔다고 한다. 가히 공연보다 공연사가 더 드라마틱한 경우라 할 수 있다.

러시아의 오셀로

연극 <가면무도회>의 배경은 19세기 페테르부르크 사교계이다. 하루가 멀다 하고 열리는 온갖 무도회와 파티, 카드놀이와 추문으로 찌들어 있는 귀족들의 모습이 화려한 가면무도회 뒤에서 펼쳐진다. 레르몬토프의 <가면무도회>는 종종 셰익스피어의 <오셀로>와 비교되는 작품이다. 사회적 지위와 부를 갖춘 남편과 아름답고 순결한 아내, 그리고 오해와 질투심에 사로잡힌 남편이 사랑하는 아내를 자기 손으로 죽이는 비극적 스토리가 서로 닮았기 때문이다.

실제로 <가면무도회>의 주인공 아르베닌은 여러 면에서 오셀로와 비슷한 점이 많다. 오셀로가 피부색 때문에 열등감을 느낀 것처럼 아르베닌은 아내 니나의 눈부신 젊음에 불안을 느끼며, 오셀로가 데스데모나의 손수건을 결정적 증거로 믿은 것처럼 아르베닌은 니나가 가면무도회장에서 잃어버린 팔찌를 부정(不貞)의 증거로 확신한다.

오리지널 무대 막을 재현한 새로운 <가면무도회> 무대

하지만 오셀로 내면의 파괴적인 열정과 간교한 이아고의 계략에 초점을 맞춘 <오셀로>와 달리, <가면무도회>에서 더욱 선명하게 드러나는 것은 아르베닌 부부를 둘러싼 페테르부르크 사교계의 기만적이고 악의적인 분위기이다. 서로가 서로에게 가면을 쓴 채, 아무도 믿지 않고 진실을 이야기하지 않는 <가면무도회>의 등장인물들은 그 자체로 거짓과 기만으로 가득 찬 페테르부르크 사교계의 민낯을 보여준다.

또한, 어떤 것에서도 삶의 의미를 찾지 못하는 아르베닌의 모습은 당대 귀족사회에 팽배했던 공허함과 허무주의를 대표한다. 결국 니나와 아르베닌의 비극은 단순한 치정 살해라기보다는 찌들 대로 찌들어 파국을 향해가는 페테르부르크 귀족사회의 비극적인 운명을 상징하고 있는 것이다. 그리고 그 파국의 드라마가 초연되던 날, 실제로 제정 러시아로 상징되는 화려한 그들의 시절이 끝났다는 것은 의도하지 않은 역사의 아이러니라 할 수 있다.

한편, 무대미술가 골로빈이 어마어마한 제작비를 들여 만든 <가면무도회>의 무대와 의상은 이 공연의 전설을 한층 풍요롭게 만든 요소였다. 화려하면서도 어딘지 모르게 신경질적인 인상을 풍기는 배경 막과 무대의상은 이 작품의 아름답고 그로테스크한 분위기를 완성시킨 일등공신이었다. 그중에서도 특히 붉은빛과 검은빛으로 장식된 메인 무대 막은 이 작품의 대표 이미지로 각인되었는데, 초연에 얽힌 역사적 사연과 더불어 마치 제정 러시아의 최후를 상징하는 장식처럼 여겨지기도 했다.

무대미술가의 방

알렉산드린스키 극장 역사에 있어서도 <가면무도회>의 의미는 각별하다. 극장은 두 가지 방식으로 이 전설적인 공연을 기념하고 있는데, 먼저 극장 내부에 새로 꾸민 드라마 박물관을 통해 이 작품과 관련된 프로그램을 상설전시하고 있다.

최근에 개관한 드라마 박물관은 알렉산드린스키 극장 5층에 있다. 여기서는 이 극장에서 상연된 주요 공연의 의상과 소품을 시대별, 작가별로 전시해놓고 있는데, 그중 하이라이트가 바로 <가면무도회>를 테마로 한 전시실이다. 흥미로운 것은 이 전시의 초점이다. 작가인 '레르몬토프의 방'이 아니라 무대미술가인 '골로빈의 방'이라 이름 붙인 데서 알 수 있듯, 이 전시는 <가면무도회>의 전설을 완성했던 무대 미술품을 주인공으로 내세우고 있는 것이다.

전시실에는 붉은빛의 메인 무대 막을 비롯해 장면마다 바뀌었던 무대 막들과 호화로운 가구, 섬세하게 마무리된 의상과 소품을

드라마 박물관에 전시된 니나의 의상

실물 그대로 재현해 놓았다. 또한 실제 의상 바로 옆에 골로빈의 무대의상 스케치를 함께 전시해놓아 그의 아이디어가 얼마나 정교하고 섬세하게 실현되었는지를 확인할 수 있다. 실제로 골로빈은 카드놀이 장면에 사용된 카드 한 장 한 장까지 일일이 그려서 완성했다 하니, 이 작품에 얼마나 많은 애정과 노력을 쏟았을지 상상이 간다.

드라마 박물관에는 <가면무도회> 뿐만 아니라 체호프와 고골, 푸시킨과 오스트롭스키 등 알렉산드린스키 극장을 거쳐 간 러시아 작가들의 대표작들을 의상과 소품을 통해 만나볼 수 있다. 작품마다 의상과 액세서리, 소품과 팸플릿 등이 각각의 주제와 분위기를 가지고 진열되어 있어, 당대의 무대 스타일을 상상하면서 천천히 둘러보면 시간 여행을 온 듯한 기분이 드는 곳이다.

전설적 공연에 대한 오마주

한편 알렉산드린스키 극장은 2014년, 레르몬토프 탄생 200주년을 맞아 <가면무도회>의 1917년 공연을 오마주한 새로운 버전을 같은 무대에 올렸다. 현재 알렉산드린스키 극장의 예술감독인 발레리 포킨이 연출을 맡은 이 작품의 제목은 <가면무도회, 미래의 기억>으로, "레르몬토프의 드라마와 1917년의 메이예르홀트 공연을 원작으로 한 발레리 포킨의 공연"이란 부제가 달려있다.

얼핏 보면 이 공연은 1917년 골로빈의 무대 막과 의상을 거의 그대로 재현하여 마치 오리지널 버전을 다시 가져온 듯하지만, 실제로는 실시간 영상과 유리 쇼윈도, LED 조명 바닥과 자동 무대 하강 장치 등 현대적인 기술을 접합하여 기존의 공연과 비슷하면서도 완전히 새로운 무대를 선보였다. 내용 또한 원작의 흐름을 따라가면서도 중간중간 파편적인 이미지와 자조적인 독백을 집어넣어, 원작에 대한 새로운 시선을 더하고자 했다. 전반적으로 이야기, 무대, 의상, 음악 모두 오리지널 공연의 모티프들을 그대로 사용하되 조금씩 변형시킨 것이다. 이를 통해 관객들로 하여금 자연스레 전설적인 1917년 버전을 떠올리는 동시에 이 공연의 새롭고 현대적인 의미를 생각하게 만드는 것이 <가면무도회, 미래의 기억>의 궁극적인 목표라 할 수 있다.

극장은 드라마가 상연되는 무대지만 때로는 극장 자체가 드라마보다 더 드라마틱한 이야기를 갖기도 한다. 페테르부르크 최초의 황실 극장으로 문을 연 알렉산드린스키 극장이 역사상 가장 화려한 무대의 막을 올린 다음 날, 바로 그 화려한 문화를 꽃피웠던 제정 러시아 시대의 종말과 함께 막을 내려야 했던 이 아이러니한 에피소드는 페테르부르크를 배경으로 하는 연극 무대 중 가장 흥미롭고 드라마틱한 전설로 남았다. 그리고 이 전설은 다시금 그 역사의 현장이었던 알렉산드린스키 극장에서 전시와 리메이크 공연을 통해 또 다른 드라마로 이어지고 있다.

쇼스타코비치 교향곡 7번 <레닌그라드>

○ 죽음의 도시를 위한 레퀴엠

차이콥스키의 마지막 걸작 <비창> 교향곡의 초연 장소이자 전쟁의 포연 속에 장엄하게 울려 퍼진 쇼스타코비치 교향곡 7번의 배경, 러시아 전설과 신화를 오페라로 완성시킨 림스키-코르사코프의 고향이며 전설적인 지휘자 므라빈스키의 흔적과 공연계의 차르 게르기예프의 카리스마를 마주할 수 있는 곳. 클래식 음악을 좋아하는 사람들에게 페테르부르크는 한 번쯤 시간을 내어 들러볼 만할 러시아 음악의 성지이다.

지금도 페테르부르크 곳곳에서 아름다운 클래식 음악의 향연이 펼쳐진다. 마린스키 극장에서는 <사드코> <보리스 고두노프> 등 러시아 오페라들이 굵직한 합창과 장엄한 스펙터클을 자랑하고, 볼쇼이 잘과 말리 잘에서는 라흐마니노프와 프로코피예프의 피아노 협주곡이 화려한 기교 속에 울려 퍼진다. 발레 극장에서는 별처럼 빛나는 무용수들이 <백조의 호수>와 <로미오와 줄리엣>의 익숙한 선율에 맞춰 춤추고 있으며, 그 외에도 수많은 박물관, 궁전, 카페, 공원에서 크고 작은 음악회들이 매일같이 이어진다.

쇼스타코비치 교향곡 7번 <레닌그라드> 공연 포스터

수많은 클래식 걸작들이 페테르부르크에서 태어나고 또 연주되었지만, 이 도시와 가장 직접적으로 그리고 운명적으로 이어진 작품을 들라면 역시 쇼스타코비치의 교향곡 7번 <레닌그라드>를 꼽아야 할 것이다. 페테르부르크의 굴곡 많은 역사 속에서도 가장 참혹했던 시기에 그 비극의 현장에서 완성된 7번 교향곡은 쇼스타코비치가 음악으로 써 내려간 도시의 역사이자, 이 도시에서 죽어간 모든 이들을 위한 진혼곡이다.

영광과 치욕의 나날들

이제 쇼스타코비치라는 이름은 20세기 음악사에서 빼놓을 수 없는 위치를 차지하고 있고, 특히 소련 시대를 대표하는 작곡가로 널리 알려졌지만, 실제 소비에트 시기 그의 삶은 영광과 치욕의 극과 극을 오가는 험난한 나날이었다. 페테르부르크에서 태어나 유서 깊은 페테르부르크 음악원에서 작곡을 공부한 쇼스타코비치는 어려서부터 그 재능을 인정받은 음악 신동이었다. 열아홉 살에 작곡한 첫 번째 교향곡이 레닌그라드 교향악단에 의해 초연되면서 그의 이름은 금방 음악계에 오르내렸고, 이후 발표하는 작품마다 주목과 찬사를 받았다.

그러나 1936년, 쇼스타코비치에게도 파국이 찾아왔다. 스탈린의 서슬 퍼런 숙청이 한창이던 그 시기, 그가 심혈을 기울여 완성한 오페라 <므첸스크의 맥베스 부인>에 대한 당의 공식적인 비평이 기관지 「프라우다」에 실렸다. 1930년대 소비에트의 모든 음악은 일반인들이 바로 듣고 이해할 수 있어야 했다. 사회주의 이데올로기와 프롤레타리아 정신을 표방하지 않는 모든 음악은 부르주아적, 퇴폐적이란 딱지가 붙었고 곧 맹렬한 공격을 받았다. 이 시기에는 차이콥스키의 서정적 멜로디도 퇴폐적이란 이유로 연주가 금지되었고, 작곡가의 개성이나 예술적 실험이 조금만 들어가도 바로 형식주의자라는 비판이 따라왔다.

이런 상황에서 「프라우다」에 대문짝만하게 쓰인 "음악이 아니라 혼돈"이라는 문구는 소비에트를 대표했던 작곡가 쇼스타코비치에게 사형선고와도 같았다. 그 자신도 후에 이날을 자기 생애에서 가장 잊지 못할 날이라고 회고한 바 있다. 실제로 이 기사는 그의 인생을 통째로 바꾸어놓았다. 쇼스타코비치에게는 '인민의 적'이란 딱지가 붙었고, 이는 곧 예술가로서 그의 커리어가 완전히 끝났음을 의미했다.

엎친 데 덮친 격으로 쇼스타코비치의 든든한 후원자였던 혁명영웅 투하쳅스키 장군이 스탈린의 숙청으로 처형되면서 쇼스타코비치는 자신의 커리어뿐 아니라 인생 자체가 끝났다고 생각했고, 곧 다가올 자신의 비참한 최후를 준비하고자 했다. 쇼스타코비치를 주인공으로 한 줄리언 반스의 소설 『시대의 소음』에는 이 시기, 매일 밤 집 앞 계단에 나와 밤을 지새웠던 쇼스타코비치의 일화가 그려

작곡가 쇼스타코비치 동상

져 있다. 당시 스탈린의 비밀경찰은 주로 한밤중에, 아무 경고도 없이 찾아와 방문을 두드린 뒤 희생자들을 끌고 가곤 했다. 가족들 앞에서 잠옷 바람으로 비참하게 끌려가는 모습을 보이고 싶지 않았던 쇼스타코비치는 매일 밤 단정히 옷을 차려입고 작은 여행 가방을 꾸린 채, 집 앞 계단에 나와 언제 들이닥칠지 모르는 비밀경찰을 기다렸던 것이다. 다행히 피의 숙청은 피할 수 있었지만, 이 시기 쇼스타코비치가 겪었던 극심한 공포와 고통은 이후 평생 지워지지 않는 트라우마로 남았다.

포연 속의 연주회

피로 얼룩진 스탈린의 대숙청이 끝나고 얼마 지나지 않아 독소 전쟁이 발발했다. 소련 전역이 참혹한 전쟁터로 변했지만, 그중에서도 900일간 독일군에게 봉쇄되었던 페테르부르크(당시 이름은 레닌그라드)는 한 도시가 겪을 수 있는 최악의 상황에 처해 있었다(레닌그라드 봉쇄에 관해서는 이 책 4장의 '영웅 도시' 편을 참조). 하지만 공습과 기아, 추위로 사람들이 죽어가는 와중에서도 쇼스타코비치는 작곡을 멈추지 않았고, 그렇게 교향곡 7번 <레닌그라드>가 완성되었다.

이 작품의 첫 부분은 실제로 독일군의 폭격이 시작되는 가운데 레닌그라드 한복판에서 쓰였다. 이후 소련 공군이 수송기를 이용해 쇼스타코비치를 레닌그라드에서 빼내었고, 그는 후방 도시에서 교향곡 7번을 마무리 지었다. 소련과 미국, 영국에서의 초연 이후 드디어 이곳 레닌그라드에서의 역사적인 연주가 결정되었다. 도시 전체 인구의 3분의 1이 죽어가는 중에서도 살아남은 연주자들과 군악대 멤버들이 모여 연습을 이어갔다. 연습 중에도 단원들 몇 명이 굶어 죽었고, 때로는 가족을 묻느라 연습에 늦는 일도 있었다.

이윽고 1942년 8월 9일, 레닌그라드 필하모니 홀에 하나둘 사람들이 모여들었다. 공연 실황은 라디오와 확성기를 통해 도시 전역에 퍼져나갔고, 연주를 하는 사람도 듣는 사람도 눈물을 흘렸다. 말로 설명할 수는 없었지만 그들은 모두 이 도시에서, 그리고 이 도시에 바쳐진 음악 안에서 자신들이 어떤 역사적인 순간을 함께하고 있다는 사실을 확신했고, 이 음악이 단순한 교향곡이 아니라 자신들과 이 도시를 정신적으로 깊숙이 연결시켜 주고 있다는 사실을 실감했다.

이후로도 한동안 이어진 길고 참혹한 봉쇄 기간 내내 레닌그라드 시민들은 끝까지 항복하지 않고 버티었고, 종전 후 교향곡 7번은 이 도시의 위대함을 기리는 상징적인 작품이 되었다. 그리고 그 과정에서 이 작품에 당의 정치적 해석과 프로파간다가 덧붙여졌다. 특히 1악장에서 반복되는 행진곡 주제가 독일군의 침략을 의미한다는 해석이 지배적이었고, 그리하여 당은 이 작품이 '대조국전쟁에 대한 승리의 찬가'라며 널리 선전했다. 분명 175번이나 반복되는 1악장의 주제 모티프, 자그마한 북소리로 시작해 현악, 목관, 금관 악기가 더해지면서 점차 크게 그리고 힘 있게 뻗어 나가는 이 주제는 엄청난 힘과 스케일로 청중을 압도하기에 충분하다. 하지만 그 자체로 무엇을 묘사하고 있다고 보긴 어렵다. 실제로 1악장의 주제를 포함해 이 곡 전체가 무엇을 의미하는지는 쇼스타코비치의 생전에도 또 사후에도 오랫동안 논란의 대상이 되어 왔다.

음표들로 세운 묘비

전쟁이 끝난 뒤 소련 정부는 다시금 쇼스타코비치를 위대한 음악을 써낸 영웅이자 인민 예술가라 부르며 찬사를 보냈지만, 쇼스타코비치는 이 작품을 둘러싼 온갖 호들갑과 해석 논란에 굳게 침묵을 지켰다. 하지만 그가 세상을 떠난 뒤 출판된 자서전적인 회고록 『증언』을 보면 이 작품에 대한 작곡가의 솔직한 입장과 생각을 뒤늦게나마 더듬어볼 수 있다.

"교향곡 7번은 내 작품 중에서 가장 큰 인기를 누렸다. 그러나 그 곡은 나를 슬프게 한다. 이 곡이 무엇을 말하려는지 음악에 전부 나타나 있음에도 불구하고 사람들은 도무지 이해하지 못한다." (드미트리 쇼스타코비치 저/솔로몬 볼코프 편/김병화 역, 『증언』 중)

이 책에서 쇼스타코비치는 자신이 이 곡 전체를 하나의 레퀴엠(진혼곡)으로 작곡했으며 그렇기에 이 작품에는 죽은 자들을 애도

하는 감정으로 가득 차 있으나, 사람들은 모두 1악장의 행진곡 주제에만 매달려 작곡가의 의도를 전혀 알아차리지 못했다고 한탄한다. 또, 사람들이 1악장에 등장하는 독일군의 침공 주제를 압도하고 승리로 이끄는 소련군의 테마는 어디 숨어있냐고 물을 때마다 작곡가로서 자괴감이 들 만큼 괴로웠다고 고백하고 있다.

사실 쇼스타코비치는 교향곡 7번의 테마를 독소 전쟁이 발발하기 전에 구상했고, 레닌그라드가 봉쇄되기 전에 이미 작곡을 시작했다. 따라서 이 곡을 히틀러의 침공이나 레닌그라드 봉쇄에 대한 묘사라고 보는 것은 다소 억지스러운 해석이다. 물론 작품의 상당 부분이 봉쇄 기간에 쓰인 이상, 그러한 극한의 상황들이 어느 정도 작품에 영향을 미쳤을 수는 있지만, 작품 전체를 전쟁과 승리에 대한 곡이라고 치부하는 것은 지나친 단순화라 할 수 있다.

쇼스타코비치는 자신의 죽음을 앞두고 쓴 회고록에서 7번 교향곡에 레닌그라드란 이름을 붙이는 것은 반대하지 않지만, 이 작품이 독일군에게 포위된 레닌그라드를 그리고 있는 것은 아니라고 분명하게 밝혔다. 그는 히틀러의 파시즘도 가증스럽지만 스탈린이라고 해서 별로 다를 것은 없으며, 독일군의 폭격으로 죽은 사람들뿐만 아니라 그 이전에 스탈린의 명령으로 살해된 사람들 역시 이 도시의 비극적인 피해자이자 희생자라고 이야기한다. 그에 따르면 이 곡은 스탈린이 이미 파괴했고 히틀러는 그저 조금 보태기만 하면 되었던 비극의 도시, 레닌그라드에 관한 음악이라는 것이다.

"내 교향곡은 대부분이 묘비다. 너무 많은 수의 우리 국민들이 죽었고 그들이 어디에 묻혔는지 알려지지도 않았다. 내 친구도 여러 명 그런 일을 당했다. 그들의 묘비를 어디에 세우겠는가? 그런 일을 할 수 있는 것은 음악밖에 없다. 나는 이런 희생자 한 사람 한 사람에게 작품 하나씩을 바치고 싶지만 그건 불가능하니까 그들 모두에게 내 음악을 바친다." (드미트리 쇼스타코비치 저/솔로몬 볼코프 편/김병화 역, 『증언』 중)

쇼스타코비치는 페테르부르크에서 태어났고 페트로그라드에서 자라 레닌그라드에서 작곡가로서 명성을 얻었다. 즉, 그는 한 도시의 이름이 여러 번 뒤바뀌는 과정을 지켜보며 이 도시와 영욕을 함께한, 이 도시의 생생한 목격자이자 증언자였던 것이다. 그런 그에게 <레닌그라드> 교향곡은 단순한 전쟁 기념 교향곡일 수 없었다. 누구보다 이 도시를 사랑했고 또 이 도시의 고통을 함께했던 쇼스타코비치는 이 작품을 통해 이 도시에서 죽어간 모든 이들을 기억하고자 했고, 그런 의미에서 이 작품은 이 도시를 위한 레퀴엠이자 음표로 세운 묘비라 할 수 있을 것이다.

보리스 에이프만 발레 <러시안 햄릿>

○ **비운의 황태자를 위한 춤**

발레는 프랑스 궁정에서 시작되었지만, 대부분 사람들이 발레의 종주국 하면 가장 먼저 러시아를 떠올린다. 러시아 황실의 후원으로 급성장한 러시아 발레는 차이콥스키와 프티파라는 명콤비를 통해 눈부신 걸작들을 쏟아냈고, 혁명기에도 흥행사 디아길레프가 이끄는 발레 뤼스의 해외 공연을 통해 전 세계에 러시아 발레의 명성을 드높였다. 소련 시절에는 소련의 우수한 예술을 홍보하는 문화 외교의 선방에 서기도 했다. 지금도 발레는 러시아 최고의 문화상품이다. 볼쇼이나 마린스키 극장의 초청공연은 늘 순식간에 표가 매진되고, 발레 마니아들은 돈을 모아 오로지 발레를 보러 러시아 극장을 순례한다.

그중에서도 이곳 페테르부르크는 고전 발레의 성지라 불릴 만큼 발레 애호가들에게 의미 있는 도시다. <백조의 호수> <호두까기 인형> <잠자는 숲속의 미녀> <라 바야데르> 등 고전 발레의 대표작들이 모두 이곳의 마린스키 극장에서 탄생했고, 프티파와 포킨, 발란신 등 안무계의 거장들이 활약했으며, 파블로바와 니진스키를 비롯해 별처럼 빛나는 무용수들이 전설 같은 무대를 펼친 곳이기 때문이다.

그런데 막상 고전 발레의 메카라 할 수 있는 이 도시를 배경으로 하는 발레 작품은 의외로 많지 않다. 환상적이고 화려한 시각 효과를 중시하는 장르적 특성상 발레는 <호두까기 인형>이나 <백조의 호수>처럼 서유럽의 동화를 원작으로 하거나, <라 바야데르>나 <셰헤라자데>처럼 이국적인 동양의 이야기에서 모티프를 따온 작품이 많기 때문이다. 그런 의미에서 페테르부르크 출신의 안무가 보리스 에이프만이 러시아 황실의 역사적 인물을 모티프로 완성한 <러시안 햄릿>은 이 도시를 배경으로 하는, 흔치 않은 페테르부르크 특산물 발레라 할 수 있다.

러시아의 햄릿, 황태자 파벨

<러시안 햄릿>은 예카테리나 2세의 아들이자 뒤에 파벨 1세가 되는 황태자 파벨을 주인공으로 하는 작품이다. 러시아 황실에서 표트르 대제와 더불어 유일하게 '대제' 칭호를 받는 예카테리나 2세는 국내외적으로 러시아의 번영과 발전에 많은 기여를 한 군주였지만, 가정적으로는 매우 불행하고 복잡한 사생활을 지닌 여성이었다. 일단 그녀는 남편 표트르 3세와 사이가 좋지 않았다. 거칠고 단순했던 표트르 3세는 똑똑하고 야망이 넘치는 아내를 좋아하지 않았고, 예카테리나 역시 대화가 통하지 않는 남편보다는 귀족들과 친분을 쌓으며 궁 안에서 자신의 입지를 확보해나갔다.

급기야 표트르 3세는 맘에 들지 않는 아내를 수녀원에 보낸 뒤 귀족들의 특권을 빼앗겠다는 계획을 세웠고, 이를 눈치챈 예카테리나와 귀족들은 선수를 쳐서 표트르를 제압하는 데 성공했다. 이때 표트르 3세를 살해한 귀족 장교 중에는 예카테리나의 연인도 있었

파벨 1세의 거처였던 미하일롭스키 성

기 때문에 이후 그녀는 '남편을 죽인 여자'라는 꼬리표를 달게 되었다. 평생 21명의 공식적인 애인을 둘 만큼 정력적이었던 예카테리나는 러시아 사회 전반을 개혁하고 영토를 넓히는 데 앞장섰으며, 그 와중에 에르미타주를 미술관으로 만들고 화려한 궁정문화를 꽃피우는 등 눈부신 치적을 쌓았으나 후계자 문제로 죽을 때까지 고민에 빠졌다.

황태자 파벨은 아버지를 죽인 어머니에 대한 증오심으로 가득 차 있었고, 어머니의 정부이자 측근인 귀족들에 대해서도 복수를 벼르고 있었다. 파벨에게서 자신이 기대하는 후계자의 모습을 찾을 수 없었던 예카테리나는 그를 건너뛰고 손자 알렉산드르에게 왕위를 이어가게 할 생각이었다. 그러나 갑작스레 병으로 쓰러지는 바람에 뜻을 이루지 못하고 죽었다. 어머니의 뒤를 이어 차르가 된 파벨 1세는 가장 먼저 아버지와 어머니의 관을 합장한 뒤 귀족의 특권을 축소시키는 데 힘을 쏟았고, 결국 불만에 싸인 귀족들이 일으킨 쿠데타로 목숨을 잃었다.

페테르부르크의 여름정원과 폰탄카 운하 사이에는 파벨 1세의 거처였던 미하일롭스키 성이 덩그러니 세워져 있다. 제위에 오른 파벨은 늘 자신이 아버지처럼 암살될지 모른다는 불안에 시달렸고, 그래서 황실의 주 거처인 겨울궁전을 떠나 자신이 안전하게 머물 새로운 궁전을 지었다. 이곳은 일반적인 궁전과 달리 구조가 상당히 특이하고 복잡한데, 성 주위에 해자를 파서 도개교로만 들어올 수 있게 한 것이나 내부 공간을 미로처럼 만들어놓은 것은 모두 암살의 위험에서 벗어나기 위한 설계라 할 수 있다. 하지만 그의 불길한 예감은 틀리지 않았다. 미하일롭스키 성으로 옮겨온 지 40일 만에, 그는 귀족들의 쿠데타로 이곳에서 살해당한다.

파벨이 죽은 뒤 이곳에는 밤마다 그의 유령이 나타난다는 괴담이 퍼졌고, 파벨에 이어 제위에 오른 그의 아들 알렉산드르는 다시 겨울궁전으로 거처를 옮겼다. 파벨 이후 로마노프 황실은 마지막 차르에 이르기까지 더 이상 왕위 다툼이나 귀족과의 알력싸움으로 목숨을 잃는 일이 한 번도 없었다. 부모의 불화로 인한 트라우마로 평생 마음고생했다는 점에서나 궁정의 암투로 목숨을 잃은 마지막 황제라는 점에서나, 파벨은 참 여러모로 비운의 인물이라 할 수 있다.

드라마로 장식된 역사

발레 <러시안 햄릿>은 바로 이 비운의 황태자 파벨과 어머니 예카테리나 대제의 갈등을 모티프로 한 보리스 에이프만의 대표작 중 하나다. 아버지의 죽음 이후 방황하는 아들의 형상을 비롯해 어머니의 정부를 미워하는 왕자, 사랑하면서도 증오할 수밖에 없는 모자간의 갈등 등 파벨과 예카테리나의 관계는 그 자체로 셰익스피어 <햄릿>의 비극적 구도를 떠올리게 하는 지점이 많다. 실제로 러시아에서 파벨 1세는 종종 '러시안 햄릿'이란 별칭으로 불리곤 한다.

안무가 에이프만은 비극적인 파벨의 삶에 셰익스피어 <햄릿>의 드라마를 투영시켜 보다 극적이고 드라마틱한 한 편의 비극 발레로 완성했다. 파벨의 형상에 햄릿의 이미지를 직접적으로 투영시키다 보니 실제 역사와는 조금 다른, 과장된 드라마와 허구의 스토리가 첨가되기는 했지만, 덕분에 파벨이란 인물의 심리를 더욱 생생하게 들여다볼 수 있는 수작이다.

막이 오르면 예카테리나가 남편 표트르 3세의 술주정으로 괴로워하는 가운데, 그녀의 연인과 귀족들이 작당하여 왕을 살해하는 장면으로 이야기가 시작된다. 예카테리나가 두 눈을 가리는 중에도 어린 파벨은 이 장면을 목격하게 되고, 이는 평생 그의 트라우마로 남는다. 이어서 무대는 청년이 된 파벨이 어머니와 갈등을 겪는 장면으로 전환된다. 황금빛으로 빛나는 예카테리나의 긴 망토는 그녀의 찬란한 치세를 은유하는 동시에, 그 망토에 휘감긴 파벨의 모습을 통해 어머니의 거대한 그림자 속에서 괴로워하는 아들의 고통을 형상화한다. 늘 여왕의 곁에 있는 어머니의 정부 역시 파벨의 고통을 가중시키는 존재이다.

방황하는 아들을 위해 어머니는 신붓감을 모으고, 여기서 파벨은 한 아름다운 여인과 사랑에 빠져 결혼식을 올린다. 그러나 파벨과 달리 야망이 컸던 황태자비는 예카테리나의 옥좌를 탐내다 죽음을 맞는다. 사실 이 부분은 역사적 사실과는 매우 다르다. 실제로 파벨은 두 번 결혼했는데, 첫 아내는 출산 중 세상을 떠났고 두 번째 아내는 파벨이 죽은 뒤에도 오랫동안 미망인으로 지냈으므로 이 부분은 안무가가 만들어낸 극적 허구라 할 수 있다. 새하얀 드레스를 입고 권력에 희생되어 죽는 황태자비의 모습에는 <햄릿>의 비

'러시안 햄릿' 파벨 1세의 초상화

극적 여주인공 오필리아의 이미지가 자연스레 겹쳐진다.

홀로 남은 파벨은 햄릿처럼 죽은 아버지의 유령을 만난 뒤 아버지의 복수를 결심한다. 황실 파티 중에 파벨은 극중극을 펼치는데, 남편을 죽인 뒤 자기 손으로 왕관을 빼앗아 쓰는 여왕의 역할을 직접 연기해 예카테리나를 분노케 한다. 이 장면 또한 실제가 아닌 허구의 이야기지만, <햄릿>의 극중극 장면을 집어넣어 파벨의 분노와 복수심을 보다 드라마틱하게 드러내고 있다. 결투로 어머니의 연인을 쓰러트린 파벨은 그 칼로 어머니마저 찌르려 하지만, 유령은 그에게 어머니를 건드리지 말라고 명령한다. 마치 햄릿에게서 거트루드를 지키려 했던 햄릿의 아버지 유령처럼.

파벨은 점점 스스로의 세계에 갇혀 현실과 환상을 구분하지 못하게 되고, 환영 속에서 자신은 결코 왕좌를 오래 지키지 못할 거란 사실을 예감한다. 박복한 자신의 운명을 한탄하며 정신을 차리고 보니, 현실에서는 여전히 차갑고 강력한 예카테리나가 긴 망토 자락을 끌며 무대를 지나가고 있을 뿐이다. 자신의 운명과 어머니에 대한 애증으로 절규하는 파벨의 뒷모습 위로 조용히 막이 내린다.

이처럼 에이프만은 무대 위의 파벨에게 햄릿의 이미지를 덧씌워 실제 인물보다 더 연약하고 아름다운 영혼으로 그려냈다. 그러면서도 파벨과 예카테리나 둘 중 누구 하나를 비난하기보다는, 권좌의 무게와 선왕 살해의 원죄 속에서 각자의 고통과 업보를 짊어진 인물로 조명하고 있다. 여기에 베토벤과 말러의 장중한 선율을 더해, 인물의 심리를 드라마틱하게 펼쳐낸 한 편의 장엄한 비극을 완성했다. 그냥 봐도 장중한 슬픔과 아름다움이 느껴지는 발레지만, 파벨과 예카테리나 2세의 역사를 알고 보면 장면 하나하나가 새롭게 보인다. 실존 인물의 비극적 역사와 여기 덧씌워진 허구의 드라마가 만들어내는 아슬아슬한 긴장감이 묘한 쾌감과 짙은 여운을 선사하는 작품이다.

페테르부르크 테마 발레

안무가 에이프만은 <러시아 햄릿> 외에도 러시아 역사와 문학, 그리고 러시아 예술가들의 형상을 담은 발레를 꾸준히 만들어 왔다. 조국 러시아를 소재로 한 그의 발레는 크게 두 가지로 분류할 수 있는데, 하나는 러시아 문학과 역사에 대한 새로운 해석이고 다른 하나는 선배 예술가들에게 바치는 뜨거운 헌사다. <러시안 햄릿>과 <카라마조프가의 형제들> <안나 카레니나> 등은 전자에, <차이콥스키>와 <레드 지젤>은 후자에 속한다고 할 수 있다. 이 작품들은 모두 LG아트센터 공연을 통해 우리나라에도 소개되어 큰 인기를 얻은 바 있다.

에이프만 발레의 특징은 굉장히 드라마틱한 스토리를 고전적인 발레 테크닉과 현대 무용의 표현력 속에 격정적으로 담아낸다는 점이다. 그의 작품들은 스토리가 선명할 뿐만 아니라 인물 하나하나의 내면과 심리를 섬세한 몸짓으로 그려내고, 때로는 터질 듯한 극적 에너지로 무대를 가득 채워 마치 한 편의 연극을 보는 듯한 인상을 준다. 에이프만 발레 팬 중에 유독 연극 마니아가 많은 이유가 여기에 있을 것이다.

또한 그의 작품에는 직간접적으로 러시아의, 특히 페테르부르크의 문화유산에 대한 깊은 관심과 애정이 묻어난다. 에이프만 자신도 밝히고 있듯, 그의 예술의 원점은 언제나 페테르부르크이다. 전 세계를 돌며 순회공연을 하면서도 늘 이 도시에 돌아와 에너지를 충전하고 새로운 영감을 얻는다. 언젠가 내한 공연 당시 진행했던 인터뷰에서도 에이프만은 페테르부르크라는 도시에 새겨진 예술과 문화의 숨결이야말로 자기 작품 저변을 흐르는 창조적 원동력이 된다고 말했다. 또, 자신은 발레 작품을 통해 직간접적으로 이 도시의 예술적 유산에 헌사를 보내고 있다고도 덧붙였다.

실제로 도스토옙스키(카라마조프가의 형제들), 차이콥스키(차이콥스키), 예카테리나 2세와 파벨(러시안 햄릿), 올가 스페시브체바(레드 지젤) 등 그의 발레 속 주인공 대부분은 이 도시에 살았거나, 이 도시와 깊은 연관이 있는 역사적 인물이다. 때문에 에이프만의 작품을 보다 보면 자기도 모르게 이 도시의 인물들이 친숙하게 느껴지며, 그의 작품을 통해 페테르부르크에 대한 이해와 공감이 더 깊어지는 듯한 인상도 받게 된다.

에이프만의 <러시안 햄릿>을 보기 전까지 나에게 파벨은 그냥 러시아 황실 계보에 잠깐 등장하는 하나의 이름일 뿐이었다. 하지만 이 작품을 보면서 그의 깊은 비애와 외로움을 절절하게 느끼게 된 뒤에는 파벨의 일그러진 초상화를 봐도 애틋한 마음이 들고, 도시 한 쪽에 덩그러니 서 있는 미하일롭스키 성도 그냥 지나치지 못하게 되었다. 드라마의 힘이 바로 이런 것이다. 허구인 줄 알면서도 실제처럼 마음을 쓰고 감정이 움직이게 되는. 그런 면에서 에이프만의 '페테르부르크' 테마 발레들은 이 도시의 보이지 않는 드라마를 무대 위에 펼쳐냄으로써 페테르부르크와 이곳을 살다간 인물들을 더욱 사랑하게 만드는 감정적 증폭제라 할 수 있을 듯하다.

겨울궁전 에르미타주와 궁전광장

4장. 역사적 사건의 무대 ○

겨울궁전 에르미타주 Государственный Эрмитаж

○ 유럽을 향한 분장실

모스크바 하면 가장 먼저 떠오르는 풍경은 크렘린과 붉은 광장이다. 그렇다면 페테르부르크 하면 가장 먼저 떠오르는 풍경은 무엇일까. 사람마다 다르긴 하겠지만, 대부분 사람들은 일단 에르미타주부터 떠올릴 것이다. 네바강을 배경으로 우뚝 서 있는 이 장엄한 에메랄드빛 건물의 원래 명칭은 겨울궁전, 로마노프 황실이 300년간 기거하던 제정 러시아의 심장이었다. 지금도 겨울궁전 곳곳에는 인간이 만들어낼 수 있는 호화로움과 사치의 궁극을 보여주는 로마노프 황실의 가구와 장식품, 보석 등이 영롱한 빛을 뽐내고 있다.

하지만 현재 에르미타주는 로마노프 황실의 궁전보다는 러시아 최대의 컬렉션을 자랑하는 미술관으로 더욱 널리 알려져 있다. 이곳이 미술관으로 활용된 것은 예술 애호가였던 예카테리나 2세가 유럽 각국에서 그림을 사들여 수집하면서부터이다. 원래는 궁전 옆에 작은 별관을 지어 그림을 보관한 뒤 소수의 사람에게만 공개했는데, 그 별관의 이름이 프랑스어로 은둔처란 뜻을 지닌 '에르미타주'였다. 은둔처라는 이름에 어울리지 않게 지금은 페테르부르크 전체에서 가장 많은 관광객이 찾는 공간이 되었으니, 참으로 아이러니한 운명이 아닐 수 없다.

실제로 이 도시를 방문하는 관광객들이 가장 먼저 찾는 곳이다 보니, 에르미타주 앞 궁전광장은 아침마다 길게 늘어선 줄이 끝없이 이어진다. 하지만 길고 지루한 시간을 참고 들어가면 그 오랜 기다림이 아깝지 않을 만큼 화려한 내부와 수준 높은 컬렉션을 자랑하기에, 오늘도 사람들은 비가 오나 눈이 오나 긴 줄을 서서 입장을 기다린다. 러시아인들은 에르미타주의 컬렉션이 대영박물관이나 루브르 박물관과는 달리, 모두 돈을 내고 구입한 수집품이라는 사실에 큰 자부심을 느낀다. 또한 레오나르도 다빈치, 라파엘로, 렘브란트, 피카소, 마티스, 칸딘스키 등 르네상스와 현대를 아우르는 거장들의 대표작을 다수 보유하고 있다는 점도 이 공간의 가치를 드높인다.

워낙 소장품이 많다 보니 이곳의 전시물을 다 감상하는 것은 물리적으로 불가능한 미션이다. 게다가 원래부터 박물관으로 설계된 공간이 아니라 궁전 내부를 개조한 곳이다 보니 동선 역시 그다지 효율적이지 못하다. 비슷비슷하게 생긴 수많은 방들이 미로처럼 이어져 있는 데다 예상치 않은 지점에서 계단과 복도가 불쑥 등장하곤 해서, 아무리 가이드북과 박물관 지도를 들고 돌아다녀도 길을 잃기 십상이다. 하지만 그렇게 길을 잃고 헤매면서 발길 닿는 대로 돌아다니다가 낯선 방에서 기대하지 않았던 명작과 마주치는 것 또한 에르미타주를 즐기는 또 하나의 방법이다. 계획된 루트대로 재빨리 둘러보고 나오기보다 천천히 산책하듯 거닐면서 그림과 그것들이 걸린 화려한 방, 그리고 창문 너머 반짝이는 네바강의 풍경까지 음미하다 보면 미술관이자 궁전이기도 한 이곳의 아름다움을 한층 깊게 느낄 수 있을 것이다.

겨울궁전 에르미타주의 겨울 풍경

300년간 펼쳐진 '유럽'이라는 연극

한편 문화사적으로 볼 때, 겨울궁전은 페테르부르크에서 펼쳐진 모든 연극 중에서 가장 오래, 그리고 가장 호화롭게 상연된 '유럽'이라는 연극의 메인 무대였다. 그런데 이 도시는 왜 이토록 유럽에 집착했을까. 18세기까지만 해도 러시아는 유럽과 완전히 단절되어 있었다. 종교개혁과 르네상스로 근대의 빛을 맞이하고 있던 서유럽과 달리, 긴 몽골 타타르 지배와 전제정치로 낙후되어 있던 러시아를 유럽에 합류시켜 단기간에 근대화시키고 싶었던 표트르 대제는 유럽풍의 새 도시 페테르부르크를 세우고 수도를 이곳으로 옮겨버렸다.

그렇게 세워진 페테르부르크는 사실 도시 전체가 '유럽'이라는 연극을 상연하기 위한 하나의 거대한 무대였다 해도 과언이 아니다.

총감독을 맡은 표트르 대제는 모든 황실과 귀족들이 이 무대에 걸맞은 유럽식 의상과 가발로 갈아입은 뒤, 하루빨리 이 연극에 동참하길 원했다. 바닥을 질질 끄는 러시아 전통의상도, 길게 늘어뜨린 수염도 모두 잘라버려야 했다. 당시 표트르가 귀족들에게 부과했다는 수염세는 그가 얼마나 이 연극에 진심으로 매달렸는지 보여준다.

그리하여 러시아 황실과 귀족들은 하루아침에 갑자기, 그동안 생활해 온 모든 습관과 양식을 버리고 '유럽풍으로' 살아가야 했다. 궁정에서는 프랑스어로만 대화를 나누었다. 식탁에서는 러시아 전통음식이 사라지고, 독일과 프랑스 요리가 갓 수입한 치즈와 함께 올랐다. 치렁치렁한 전통의상 대신 세련된 슈트와 고상한 드레스를 입은 채 그들은 밤마다 무도회와 살롱, 오페라 극장을 드나들며 유럽풍의 사교생활을 이어갔다.

표트르 대제의 기획과 연출로 시작된 이 '유럽'이라는 연극은 로마노프 황실이 막을 내리기까지 약 300년간 장기 상연을 이어갔고, 그 메인 무대는 황실과 귀족사회의 중심인 겨울궁전이었다. 궁전은 매일의 일상적인 연극이 펼쳐지는 일종의 극장이었다. 귀족들은 정해진 각본에 따라 옷을 입고 화장하고 식사와 티타임을 갖고, 음악회와 무도회에 참여하며 '우아한 유럽풍 귀족'이라는 자신의 역할을 수행했다. 특히 상류사회가 모두 모이는 이곳 겨울궁전에서의 살롱과 무도회는 그간 갈고닦은 유럽풍의 매너와 예절을 선보이고 품평 받는, 가장 중요한 무대였다.

가면과 맨얼굴 사이의 이중생활

이렇듯 페테르부르크는 표트르 대제가 건설한 거대한 하나의 극장이었고, 바로 이 무대 위에서 화려한 궁정문화와 유럽풍 예술인 발레와 오페라가 눈부시게 꽃피었다. 하지만 페테르부르크가 '유럽풍'의 도시일 뿐 결코 유럽이 될 수 없었던 것처럼, 이 연극에 참여하는 귀족들의 일상 또한 진정한 삶과는 거리가 멀었다.

올랜도 파이지스의 『나타샤 댄스』에 따르면, 18세기 페테르부르크의 러시아 귀족들은 의무적으로 부여된 자신의 역할과 실제의 삶 사이에서 괴리감을 느꼈고, 자신들이 일종의 무대에서 삶을 연기하고 있다는 사실을 스스로 알고 있었다. 유럽식 문화가 완전히 자리를 잡은 뒤 태어난 19세기 귀족과는 달리, 18세기 귀족들은 이미 러시아식 생활습관에 익숙해진 상태에서 갑작스레 유럽식 예절을 익혀야 했다. 날렵한 신사복도 프랑스어도 유럽풍의 가구와 침실도 그들에게는 낯설고 불편하기만 했다. 하지만 황제가 원하는 것은 분명하고 단호했고, 그들은 외국어를 배우듯 유럽풍의 삶을 익히고 모방했다. 여기서 중요한 것은 진짜 유럽인이 되는 것이 아니라 유럽인처럼 행동하는 것이었다.

이처럼 18세기 페테르부르크의 귀족은 '유럽인'의 가면을 쓴 채, 하루하루 연극을 하며 살았다. 그들은 궁전과 저택에서 최선을 다해 자기 역할을 수행했지만, 몸에 새겨진 러시아식 습관을 완전히 버리지는 못했다. 그 결과 18세기 러시아의 귀족들은 필연적으로 이중적인 삶을 살 수밖에 없었다. 프랑스 정원처럼 꾸며진 저택 마당에는 종종 러시아의 시골 별장을 연상시키는 오두막이 있었고, 화려한 무도회에서 돌아온 집주인은 그곳에 들어가 휴식을 취했다. 로코코 드레스 차림으로 살롱을 드나들던 우아한 귀부인도 집안에서는 러시아식 가운을 입고 흑빵과 차로 하루를 마무리했다. 사교계의 공식 언어는 프랑스어였지만, 집에 돌아온 뒤 일상적인 대화는 러시아어로 이루어졌다.

이러한 러시아 상류층의 이중적 삶을 간파한 '진짜' 유럽인의 기록도 찾아볼 수 있다. 프랑스의 귀족 드 퀴스탱 후작은 꽤 오랜 기간 페테르부르크에 머물면서 후에 『차르의 제국』이란 책을 쓰기도 했는데, 여기서 러시아 귀족들에 대해 "기분 나쁠 정도로 프랑스적이면서 동시에 부자연스럽다"라고 지적하고 있다. 프랑스인에 의해 '기분 나쁠 만큼 프랑스적'이란 평가를 받은 데서 이들의 유럽풍 연기가 상당한 수준이었음을 알 수 있지만, 아무리 잘 해봤자 결국은 흉내 내기에 불과하기에 '부자연스럽다'는 비판 또한 피할 수 없었던 것이다.

제정 러시아의 기억을 담은 방주

알렉산드르 소쿠로프 감독의 영화 <러시아 방주>는 바로 이 거대하고 화려한 연극 무대 에르미타주를 실제 배경으로 활용한 작품이다. 사실 이 영화에는 구체적인 스토리라고 할 만한 것이 없다. 자기도 모르게 제정 러시아의 궁전에서 눈을 뜨게 된 '나(내레이터)'가 러시아를 방문 중인 프랑스 외교관(위에서 언급한 드 퀴스탱 후작을 연상시키는 인물)을 만나 에르미타주 구석구석을 돌아다니며 러시아 문화에 대해 논쟁하다가 궁전을 나오는 것이 이야기의 전부다. 카메라는 그들을 따라가면서 예카테리나 2세와 니콜라이 2세, 푸시킨 등 당대의 역사적 인물을 비추기도 하고, 갑자기 현대의 전시실로 들어가 동시대 관람객들을 보여주기도 한다.

<러시아 방주>는 처음부터 끝까지 오로지 에르미타주 내부의 33개 방에서 펼쳐진다. 감독은 궁전이자 박물관인 에르미타주의 공간을 구분 없이 보여주는데, 사실 영화 속에서 두 공간은 서로 다르지 않다. 에르미타주는 제정 러시아의 역사가 새겨진 궁전이면서 동시에 당대의 문화유산을 소장하고 있는 박물관이다. 그리고 이러한 역사와 문화의 기억 모두를 저장하고 있기에, 영화의 제목처럼 러시아인들에게는 영혼의 방주 같은 공간인 것이다. 영화의 끝부분에서

네바강 위에 떠있는 듯한 에르미타주

도도히 흐르는 네바강을 클로즈업하는 장면 또한 방주로서 에르미타주의 이미지를 부각하기 위한 장치다. 실제로 에르미타주는 네바강 건너편에서 보면 강 위에 떠 있는 거대한 배처럼 보이기도 하는데, 감독은 이 장면을 통해 300년 격동의 역사 속에서 이곳 에르미타주가 '방주'로서 담아내고 있는 것은 무엇인지 다시 한번 생각하게 만든다.

한편 <러시아 방주>는 단 하나의 숏으로 이뤄졌다는 점에서 영화사적으로도 중요한 작품이다. 처음부터 끝까지 단 한 번의 '컷'도 없이 100분간의 실시간 촬영으로 완성한 것이다. 이는 촬영 기술적으로도 흥미롭지만, 이러한 방식을 통해 무엇을 보여주려 했는지가 더 궁금해진다. 영화에서 카메라는 곧 감독의 시선이다. 그런 의미에서 단 한 번도 끊지 않고 촬영을 이어가는 카메라의 시선은, 격동의 시간을 지나며 현재까지 이어져 온 에르미타주의 역사를 단절

없이 바라보고자 하는 감독의 의도가 담겨 있는 것이라 할 수 있다.

개인적으로 이 영화에서 가장 인상 깊었던 것은 마지막 장면이다. 카메라는 영화의 클라이맥스라 할 수 있는 화려한 무도회가 끝난 뒤 북적이며 궁전을 떠나는 귀족들의 모습을 오랫동안 비춘다. 왜 하필 무도회가 끝난 뒤 이곳을 떠나는 귀족들의 모습으로 작품을 마무리했을까. 이 영화의 배경이자 주제는 바로 이곳 에르미타주다. 영화는 에르미타주 곳곳을 비추면서 이곳을 단순히 영화의 배경으로만 사용하는 게 아니라, 이곳의 의미에 대해 끊임없이 질문을 던지고 있다. 마지막 장면에서 화려한 쇼가 끝난 뒤 이곳을 빠져나가는 귀족들의 모습을 비춤으로써 감독은 에르미타주가 바로 이러한 쇼의 무대, 제정 러시아 시기 유럽을 향해 가장 화려한 연극을 선보였던 하나의 극장이었음을 은유하고자 한 것은 아닐까.

유수포프 궁전 Юсуповский дворец

○ 라스푸틴의 잔혹극

페테르부르크에는 겨울궁전만 있는 것이 아니다. 세 개의 운하와 네바강을 따라 세워진 크고 작은 궁전들이 300년 전의 모습 그대로 남아 박물관이나 연주회장, 혹은 공공기관 등으로 사용되고 있다. 이 궁전들은 제정 러시아 시절, 이 도시를 사치스럽게 장식했던 귀족들의 삶의 공간이자 때로는 드라마틱한 사건의 현장으로서 역사적 의미를 지니고 있다. 페테르부르크에 있는 수많은 궁전 가운데 가장 호화롭고, 또 가장 흥미진진한 역사의 무대를 고르라면 역시 모이카 운하 옆에 자리한 유수포프 궁전을 꼽아야 할 것이다.

유수포프 가문은 엄청난 재산과 자선활동, 그리고 예술 컬렉션으로 유명했던 제정 러시아 최고의 명문가였다. 황실의 친인척을 통틀어 가장 부유했다는 이 가문은 1830년부터 모이카 운하 바로 곁에 지어진 아름다운 저택을 거처로 사용했다. 모이카의 보석 상자라 불릴 만큼 화려하고 사치스러운 유수포프 궁은 다른 한편 로마노프 황실 몰락기에 벌어진 스릴 넘치는 살인사건의 무대로 더 유명해졌다. 황후의 총애를 등에 업고 러시아 황실을 쥐락펴락했던 괴승 라스푸틴의 미스터리한 죽음이 바로 이곳 지하실에서 벌어졌던 것이다. 지금도 유수포프 궁전은 궁전 내부 투어와 라스푸틴 암살 견학 프로그램이 함께 운영되면서 호화로운 귀족의 집과 살벌한 역사적 무대로서 이 공간의 의미를 동시에 비추고 있다.

상반된 두 개의 실내 극장

모이카 운하 94번지에 위치한 유수포프 궁의 입구는 페테르부르크의 일반적인 건물들과 크게 다르지 않다. 하지만 의외로 소박한 외관과는 달리, 입구에 들어가자마자 시선을 압도하는 대리석 계단을 비롯해 눈이 휘둥그레질 만큼 화려한 내부를 자랑하는 곳이다. 황실 궁전에 뒤지지 않는 호화로운 인테리어와 값을 따질 수 없을 만큼 사치스러운 귀중품들은 이 궁전의 주인이었던 유수포프 가문의 막강한 부와 고상하고 품격 있는 그들의 취향을 짐작하게 만든다. 특히 금색과 붉은색, 녹색 등 색깔별로 꾸며놓은 우아한 응접실과 마린스키 극장을 그대로 축소해 놓은 듯한 실내 극장은 언제 봐도 입이 떡 벌어질 만큼 아름답고 황홀하다.

궁전 내부에 아늑하게 자리 잡고 있는 실내 극장은 당시 페테르부르크 상류 사교계의 중심지였다. 예술적 심미안이 높고 예술 후원에 관심이 많았던 유수포프 가문은 당대 최고의 아티스트들을 초청해 소규모의 음악 살롱이나 연극, 발레 공연을 펼쳤다. 작곡가이자 피아니스트로 이름을 날렸던 리스트와 오페라 가수 샬리아핀, 안나 파블로바 등이 이 무대에 섰으며, 작가 투르게네프의 연인으로 알려진 성악가 폴린 비아르도 역시 이 무대에서 박수갈채를 받았다. 독소 전쟁으로 완전히 파괴된 후, 고증을 따라 복원된 실내 극장은 객석 수가 100석이 안 되는 작은 극장이지만, 화려하게 장식된 황제 석과 발코니, 박스석과 오케스트라 무대를 모두 갖추고 있어 마린스키 극장의 미니어처 같은 느낌이다. 지금도 이곳에서는 오페레타나 발레 소품, 어린이 연극 등이 때때로 공연되곤 한다.

한편 궁전 투어의 입구와 다른 동선으로 시작되는 암살 견학 프로그램을 따라가면, 눈부시게 환한 위층과는 사뭇 다른 지하공간이 나온다. 이곳은 이 궁전의 또 다른 실내 극장이라 할 수 있는데, 바로 유수포프 가문의 마지막 왕자 펠릭스 유수포프 공이 괴승 라스푸틴을 살해한 현장이다. 펠릭스의 자서전을 기반으로 만든 이 지하공간은 당시의 긴박한 상황을 실감 나게 재현해놓은 밀랍인형과 생생한 사진 덕분에 실제로 미스터리한 암살극이 펼쳐지는 한 편의 무대 같은 인상을 준다.

전설이 된 괴승, 라스푸틴

1997년 미국 폭스사가 만든 애니메이션 <아나스타샤>를 보면, 디즈니 만화풍의 악역 캐릭터가 등장한다. <인어공주>의 문어 마녀, <알라딘>의 악당 자파르에 버금가는 사악함을 선보이며 악마와 결탁해 음모를 꾸미는 이 인물이 바로 라스푸틴, 러시아 역사상 가장 악명 높은 사제다. 물론 애니메이션 속 라스푸틴은 매우 과장되어 있어 실제와 다른 점이 많다. 그가 파렴치한 행동으로 욕을 먹고 러시아 황실의 몰락에 결정적인 역할을 한 것은 사실이지만, 악마와 결탁했다는 증거는 아무 데도 없다. 무엇보다 애니메이션에서 황실 가족을 저주하는 모습과 달리, 라스푸틴과 러시아 황실은 그가 죽을 때까지 돈독한 관계를 유지했다.

다만 작품에서 그가 니콜라이 2세에게 퍼붓는 저주는 실제로 그가 죽기 몇 달 전 남긴 예언을 바탕으로 변형한 것이다. 라스푸틴은 자신이 귀족에게 살해당할 경우 황실 가문에서 2년 이상 목숨을 부지하는 사람이 한 명도 없을 거라고 경고했다는데, 실제로 라스푸

형형한 눈빛의 괴승 라스푸틴

틴은 귀족인 유수포프 공에 의해 죽었고, 2년이 채 안 되어 니콜라이 2세의 가족은 몰살당하고 만다. 아마도 이러한 지점이 라스푸틴을 악마와 결탁한 주술사, 흑마법을 쓰는 예언자의 이미지로 각인시키지 않았나 싶다.

라스푸틴은 본래 시베리아의 가난한 농민 출신이었다. 젊은 시절 라스푸틴에게 가장 큰 영향을 미친 것은 시베리아의 대자연이었다. 거칠고 때 묻지 않은 원시의 시베리아는 러시아인들에게 언제나 영적인 공간이었고, 문명에 오염되지 않은 이곳을 그들은 슬라브의 뿌리, 러시아의 근원이 있는 땅으로 추앙했다. 실제로 시베리아에는 예로부터 신과 소통하는 주술사와 무당, 샤먼 등이 많이 배출되기도 했다.

정식으로 교육을 받은 적 없는 라스푸틴은 말을 훔친 죄로 마을에서 쫓겨난 후 도보로 긴 순례 여행을 떠나는데, 그는 바로 이 순례에서 계시를 받고 삶이 달라졌다고 주장했다. 이후 수도인 페테르부르크를 방문한 라스푸틴은 얼마 안 되어 사교계와 귀족들의 관심을 한몸에 받게 된다. 온갖 문명의 때로 뒤덮인 페테르부르크에서 거칠고 원시적인 에너지를 지닌 이 시베리아의 수도사는 그 자체로 새롭고 신비로운 대상이었던 것이다.

라스푸틴이 러시아 황실과 인연을 맺게 된 것은 니콜라이 2세의 외아들 알렉세이 때문이었다. 태어날 때부터 혈우병을 앓는 황태자 때문에 차르 부부는 걱정스러운 나날을 보내고 있었다. 황태자가 불치병에 걸렸다는 사실은 황실 안에서도 극비에 부쳤기 때문에, 차르와 황후의 마음고생은 더욱 심했다. 그때 귀족의 소개로 궁전에 출입하게 된 라스푸틴이 알렉세이의 출혈을 멈추는 '기적'을 보이자 차르 부부는 단번에 이 신비한 사제를 믿고 따르게 된 것이다.

이것이 마술인지 의학인지 진짜 기도의 힘인지는 여전히 밝혀진 바가 없다. 분명한 것은 한 번이 아닌 여러 번, 라스푸틴이 황태자의 증상을 호전시켰다는 사실이다. 알렉세이의 혈우병은 완치가 불가능한 불치병이었다. 라스푸틴의 경우 다만 증상을 완화하고 심신을 안정시킨 것으로 보이는데, 오늘날의 많은 의학자, 심리학자들은 그가 최면을 걸었을 거라 짐작하고 있다. 확실치는 않지만, 최면술이 혈관수축을 통해 피를 멈추게 했다는 가설도 있다.

어쨌거나 이로 인해 차르 부부, 특히 황후는 라스푸틴을 절대적으로 신뢰하게 되었고 이로 인해 황실에서 라스푸틴의 영향력이 어마어마하게 커졌다. 그는 황실의 가족사뿐만 아니라 정치, 외교 문제에도 관여하고 인사권을 휘두르는 등 무소불위의 권력을 갖게 되었다. 황태자의 병은 여전히 극비였기 때문에 라스푸틴이 황후와 내연의 관계라는 소문이 돌았고, 여기에 그의 오만방자함이 더해지면서 라스푸틴은 그야말로 극혐의 대상이 되었다. 1916년 말 라스푸틴의 권력은 정점에 달했고, 황실의 신뢰는 바닥을 쳤다. 더 이상 황실의 몰락을 두고 볼 수 없었던 귀족 중에 차르의 조카사위인 펠릭스 유수포프 공이 라스푸틴을 살해하려는 계획을 세운다. 유수포프 궁전에서 일어난 이 살인은 그 자체로 하나의 미스터리한 드라마라 할 만큼 흥미진진한 사건이다.

미스터리한 죽음과 수수께끼

1916년 12월 16일, 네바강과 운하가 꽁꽁 얼어붙은 한겨울 밤. 유수포프 공이 라스푸틴을 자신의 궁전에 초대했다. 유수포프와 그의 동료들은 라스푸틴이 오기 전 지하에 만찬실을 꾸미고, 케이크와 와인에 청산가리를 넣어 만반의 준비를 끝냈다. 이윽고 라스푸틴이 도착하자 유수포프 공이 환영하면서 음식을 권했고, 기분이 좋아진 라스푸틴은 케이크와 와인을 다 먹었으나 의외로 꿈쩍도 하지 않았다.

아무리 기다려도 효과가 없자 결국 유수포프 공은 준비한 권총으로 그의 가슴을 쏘았고 라스푸틴이 푹하고 쓰러졌다. 그런데 동료들과 함께 시체를 들어 올리는 순간, 라스푸틴이 두 눈을 번쩍 뜨고 유수포프에게 달려들었다. 유수포프는 혼비백산했고 동료 중 한 명이 비틀거리며 걸어나가는 라스푸틴의 뒤를 향해 다시 총을 쏘았다. 시신은 꽁꽁 얼어붙은 네바강 구멍에 밀어 넣었고, 며칠 후 라스푸틴의 시체가 떠올랐다. 그의 장례식 날, 니콜라이 2세는 일기에 이렇게 적었다고 한다.

나와 우리 가족은 슬픈 장면을 목격했다. 잊을 수 없는 그의 장례식.

그는 유수포프의 집에서 악마들에게 암살당했다.

차르 부부는 분노와 절망에 빠졌다. 그러나 라스푸틴을 해치운 유수포프의 인기가 너무 높아서 함부로 그를 벌할 수도 없었다. 유수포프 공은 자신의 사유지가 있는 다른 지역으로 추방(이라기보다는 그냥 이사에 가깝다)되었고, 공범자들을 군대에 보내는 것으로 사건은 마무리되었다.

이상이 라스푸틴의 최후에 관해 공식적으로 알려진 사실이다. 하지만 이후에도 라스푸틴 살해에 대한 음모와 조작설, 그의 초인적인 죽음 등 이런저런 의혹과 스캔들이 끊임없이 제기되고 있다. 끝없는 의혹의 원인 중 하나는 펠릭스 유수포프 공이 성격적으로나 환경적으로 누군가를 죽일 이유가 전혀 없다는 점이다. 러시아 최고 갑부의 상속자로서 아름다운 아내와 우아한 삶을 즐기던 그가 굳이 라스푸틴을 죽이려 했다는 것 자체가 미스터리라는 것이다. 또, 그의 평소 성격을 감안할 때 냉정하고 잔인한 암살자의 면모가 없기 때문에, 누군가 배후에서 암살 계획을 세운 뒤 유수포프를 전면에 내세웠다는 설도 있다.

한편 제1차 세계대전 중이었던 당시, 독일을 옹호하면서 독일과 러시아의 협상을 주장했던 라스푸틴을 연합국 측에서 주도해 암살했다는 정치 음모설도 오랫동안 제기되어 왔다. 하지만 여전히 확실한 증거는 아무것도 없고, 그날 밤의 진실이 무엇인지는 아무도 모른다. 다만 화려하고 끔찍했던 시절의 흔적이 공존하는 이 궁전의 방들만이, 역사의 무대 앞에 침묵하고 있을 뿐이다.

○ 혁명의 최종 리허설

어느 도시에서나 광장은 늘 역사적 사건의 주요 무대였다. 파리의 바스티유 광장, 프라하의 바츨라프 광장, 베이징의 톈안먼 광장, 그리고 서울의 광화문 광장에 이르기까지, 광장은 도시의 중심이자 관광의 중심, 그리고 정치 사회의 격변지로서 수많은 사람들의 삶과 역사적 순간의 목격자가 되어왔다.

에르미타주 앞, 확 트인 반원형의 광장인 궁전광장 역시 페테르부르크의 300년 역사와 함께해 온 스펙터클한 사건들의 무대다. 정면에 겨울궁전인 에르미타주가 건설되면서 이곳엔 자연스럽게 궁전광장이란 이름이 붙여졌고, 광장 한가운데 우뚝 서 있는 알렉산드르 원주는 1812년 나폴레옹 전쟁의 승리를 기념하기 위해 세워졌다. 제정 러시아 시대에는 화려한 무도회가 끝나기를 기다리는 마차들이 이곳을 가득 메웠고, 소비에트 시기에는 정치적 구호에 환호하는 인민들이 새빨간 플래카드와 함께 이곳을 행진했다.

지금도 궁전광장은 한 해의 마지막 날과 새해 첫날, 승리의 날, 조국 수호의 날 등 수많은 국가 행사와 기념일에 페테르부르크 시

격동의 역사와 혁명의 순간을 함께한 궁전광장

민들이 모여 퍼레이드와 이벤트를 벌이는 활기찬 축제의 장(場)이지만, 20세기 초 이곳은 피와 총성, 비명과 긴장감으로 가득했던 드라마틱한 역사의 무대였다.

혁명을 앞둔 최종 리허설

궁전광장에 새겨진 수많은 역사적 흔적 중 가장 선명하고 비극적인 사건은 1905년 1월 9일에 있었던 '피의 일요일'이라 할 수 있다. 화려했던 제정 러시아 시대가 막을 내리게 된 결정적인 계기가 된 사건이 바로 러시아 황실의 상징인 겨울궁전 앞, 궁전광장에서 일어났다는 사실 자체가 이 공간의 아이러니한 역사성을 드러낸다.

19세기 말, 러시아 제국은 바람 앞의 촛불처럼 위태로웠다. 러일전쟁의 패배와 도시 곳곳의 시위, 점점 늘어나는 거지와 노숙자 등

혁명의 도화선이 된 '피의 일요일'

제국의 무능함과 위태로움을 알리는 신호들이 여기저기 나타났지만, 니콜라이 2세를 비롯한 러시아 황실과 정부는 이 모든 것을 무시한 채 여전히 자기들만의 세계에 틀어박혀있었다. 20세기 러시아를 뒤흔든 혁명은 어느 날 갑자기 벼락처럼 떨어진 것이 아니라 천천히 그 징조를 드러내면서 사회 곳곳에서 소리 없이 시작되고 있었고, 그 첫 전주곡이라 할 만한 것이 바로 '피의 일요일' 사건이었다.

시작은 여느 시위와 다를 바 없었다. 1905년, 페테르부르크 최대의 금속공장에서 노동자들이 해고되었다. 뒤늦게 산업화가 시작된 당시 러시아의 공장 노동은 비인간적인 환경 속에서 이루어졌고, 이에 인간다운 노동조건을 요구한 노동자들이 일방적으로 해고를 당한 것이다. 해고된 노동자들은 다시 일하게 해달라고 공장 측에 요구했지만, 받아들여지지 않자 점차 다른 공장에까지 파업이 번졌다. 마침 일요일을 맞아 해고된 노동자와 그의 동료들, 그리고 가족

세상을 뒤바꾼 두 번의 혁명

들로 이루어진 행렬이 황제에게 자신들의 처지를 직접 호소하기 위해 길을 나섰다. 황실에 대한 국민의 불신과 실망이 높아지고 있긴 했지만, 여전히 황제는 그들 모두의 '아버지'였고 신을 대신해 그들의 고통을 어루만져 줄 지상의 대리인이었다.

살을 에는 추위를 뚫고, 노동자들은 차르의 초상화와 성상을 든 채 겨울궁전을 향해 행진을 시작했다. '신이여 차르를 보호하소서'라는 노래를 부르며 천천히 평화롭게. 그러나 그들의 목소리에 귀 기울여야 할 차르는 당시 궁전에 없었고, 대신 무장한 황실의 군대가 그들을 기다리고 있었다. 군대는 더 이상 다가오지 말라고 몇 차례 경고했지만, 아버지 차르를 만나겠다는 민중의 의지를 꺾지는 못했다. 손에 손을 잡고 앞으로 나아가던 노동자들을 향해 첫 총성이 울렸고, 사람들은 이게 무슨 상황인지 어리둥절한 채 계속 걸어갔다. 뒤이어 무자비한 발포가 이어졌고 수백 명이 피 흘리며 쓰러진 다음에야 사람들은 흩어져 도망치기 시작했다.

1월 9일 단 하루 동안 페테르부르크에서 1000여 명이 죽고 3000여 명이 부상을 입었다. '피의 일요일'이라 불리는 이 사건은 러시아 황실에 대한 국민의 마지막 믿음마저 사라지게 했다. 사람들은 이제 더 이상 차르가 자신들의 '아버지'가 아니라 자신들을 버리고 총구를 겨누는 권력자일 뿐이란 사실을 깨달았고 분노와 배신감이 온 나라를 뒤흔들었다. 이 사건 이후 러시아 전국에 걸쳐 역사상 가장 큰 규모의 파업과 시위가 불길처럼 퍼져나갔고, 결국 정부는 한 발짝 물러나 국민의 대표로 이루어진 의회를 소집하겠다고 약속했다.

궁전광장을 피로 물들인 이 사건을 통해 300년 넘게 절대 권력을 자랑했던 로마노프 황실의 전제군주제가 끝나고, 헌법에 따라 국민을 통치하는 입헌군주제가 시작된 것이다. 비록 군주제가 완전히 무너진 것은 아니지만, 민중의 힘이 모여 변화를 이뤄냈다는 점에서 이 사건은 러시아 혁명사에서도 가장 중요한 순간 중 하나로 손꼽힌다. 나중에 레닌은 '피의 일요일'이야말로 1917년 러시아 혁명의 시작을 알린 최종 리허설이었다고 평가하기도 했다.

10월 혁명의 피날레 무대

1905년 혁명의 최종 리허설인 '피의 일요일' 사건이 일어났던 궁전광장이 1917년에는 본 공연이라 할 수 있는 10월 혁명의 피날레를 장식하는 무대로 다시 등장한다. '피의 일요일' 이후 입헌군주제로 아슬아슬하게 황실의 명맥을 이어가던 러시아는 제1차 세계대전이 한창이던 1917년, 두 차례의 혁명을 겪으며 세계 최초의 사회주의 국가가 된다.

1917년 2월과 10월에 일어난 두 번의 혁명은 성격도 양상도 전혀 달랐다. 먼저 일어난 2월 혁명은 일반 민중의 혁명이었다. '세계 여성의 날'을 맞아 기근과 궁핍으로 고통받던 페테르부르크의 여성들이 빵을 달라며 거리로 나오기 시작했고, 여기에 공장노동자들이 합류하면서 "빵을 달라"는 구호가 "차르 타도", "전쟁 종식"의 구호로 바뀌었다. 시위대의 세력이 커지자 결국 또 발포 명령이 내려졌고 사람들이 쓰러졌다. 하지만 1905년 '피의 일요일' 때와 달리, 이번에는 병사들이 시민에게 총을 쏘는 것을 거부하면서 오히려 시위에 합류해버렸다. 군대마저 등을 돌린 상황이 되자 결국 니콜라이 2세가 차르에서 물러나고, 이로써 300년 로마노프 황실이 막을 내리게 된다.

2월 혁명으로 군주제가 끝나고 임시정부가 들어섰다. 하지만 임시정부를 이루는 인물 대부분은 좋은 집안 출신의 엘리트들이었다. 그들은 부르주아 계층을 대표했기에 노동자, 병사, 농민 등 대다수 프롤레타리아들의 불만은 날로 커져갔다. 그리고 바로 이때, 2월 혁명의 소식을 듣고서 외국에 망명 중이던 레닌이 비밀리에 러시아로 돌아왔다. 페테르부르크에 도착한 레닌은 기념비적인 연설을 통해 현재의 어정쩡한 임시정부를 뒤엎고, 노동자, 농민, 군인 대표인 소비에트가 주도하는 사회주의 혁명으로 세상을 바꾸어야 한다고 주장했다. 이제 레닌을 중심으로 두 번째 혁명을 위한 본격적인 준비가 시작되었다. 민중이 자발적으로 몰려나와 시위를 했던 2월 혁명과 달리, 10월 혁명은 볼셰비키 지도부의 치밀한 계획과 실행에 의해 이루어진 한 편의 공연과도 같았다.

1917년 10월 24일 밤. 공연의 서막을 알린 것은 네바강 위를 순항하던 군함 오로라의 공포탄 한 발이었다. 이 소리를 신호로 혁명군은 계획에 따라 먼저 우체국, 전화국, 기차역, 전신국을 차례로 장악한 뒤, 다음 날인 25일 새벽 임시정부의 본부였던 겨울궁전을 습

격, 단숨에 함락시켰다. 지금도 에르미타주에는 그날 밤, 임시정부 요원들이 체포되었던 방과 그 시각을 가리키며 멈춰있는 시계가 그대로 보존되어 있다.

단 하룻밤 사이에 세상이 뒤집히고 세계 최초의 사회주의 국가가 탄생했다. 세계를 뒤흔든 역사적 사건인 10월 혁명은 레닌이 총감독을 맡고, 볼셰비키와 임시정부 요원이 주역과 조역으로 등장한 하룻밤의 극적인 드라마였고, 겨울궁전과 궁전광장은 바로 그 역사적 드라마의 무대로 다시 한번 스포트라이트를 받게 된 것이다.

혁명을 기념하는 연극적 이벤트

1905년 '피의 일요일', 1917년 10월 혁명이란 역사적 사건의 무대가 되었던 궁전광장은 1920년 다시 한번 드라마틱한 이벤트의 현장으로 변신한다. 이번에는 '진짜' 공연이 이루어지는 퍼포먼스의 무대로. 1920년 혁명 3주년을 기념하기 위해 <겨울궁전 함락(Взятие зимнего дворца)>이라는 대규모 퍼포먼스가 이곳 궁전광장에서 펼쳐졌다. 10월 혁명 당일의 긴박하고 드라마틱했던 사건을 같은 장소에서 그대로 재현하는 연극적 이벤트였다.

페테르부르크의 연출가 니콜라이 예브레이노프가 총 연출을 맡은 이 장대한 스펙터클은 3년 전 실제 10월 혁명이 일어났던 장소인 겨울궁전과 궁전광장을 포함해 도시의 주요 지점을 배경 삼아 이루어졌다. 이 퍼포먼스에는 배우와 일반인을 포함해 무려 8000명의 엑스트라가 참여했고, 500명의 오케스트라가 실시간으로 연주했으며 10월 혁명 당시 공포탄을 쏘았던 군함 오로라까지 실물로 동원되었다. 혁명의 신호탄을 울린 군함 오로라는 지금도 겨울궁전 반대편 네바강에 정박하고 있으며, 당시의 긴박한 상황을 보여주는 박물관으로 사용되고 있다.

혁명 3주년을 기념한 퍼포먼스 <겨울궁전 함락>은 총 15만 명의 관중이 관람한 것으로 알려져 있다. 15만이라는 숫자 자체도 엄청나지만, 이들은 단순한 관람객이 아니라 바로 이곳 궁전광장에서 일어난 역사적인 10월 혁명의 '현장 목격자'이자 '심리적 동조자'라는 역할을 부여받음으로써 관객 이상의 의미를 갖게 된다. 즉, 여기서 이들이 바라보는 것은 단순한 쇼가 아니라 사회주의 혁명이라는 역사적 퍼포먼스이고, 겨울궁전이 함락되는 클라이맥스의 순간에 다 같이 박수와 환호를 보내는 것은 곧 공연을 넘어 혁명의 성공에 대한 이들의 환희와 지지로 확대될 수 있는 것이다.

이와 함께 연출가 예브레이노프는 3년 전 직접 10월 혁명에 참여했던 사람들 중 일부를 이 퍼포먼스에 직접 등장시켰다. 이들은 자신들의 손으로 이룬 혁명을 연극적인 형태 속에서 다시 반복했고, 관람객인 시민들과 함께 어우러졌다. 이렇듯 실제 혁명의 참여자와 일반 시민의 관계를 의도적으로 지움으로써 연출가는 바로 지금, 이 현장에 있는 시민 모두가 10월 혁명의 주인공이자 완성자라는 사실을 공연 속에서 깨닫게 했던 것이다.

이처럼 혁명의 최종 리허설이 이루어진 '피의 일요일'과 본 공연격인 10월 혁명의 현장, 그리고 다시 혁명을 기념하는 <겨울궁전 함락>의 퍼포먼스 장소로 사용된 궁전광장은 세계 최초의 사회주의 혁명이라는 역사적 사건에서 가장 중요한 무대라 할 수 있을 것이다.

영웅 도시 레닌그라드 Город-герой Ленинград

○ 참혹하고 위대했던 900일

러시아 역사상 가장 중요한 전쟁 두 개가 있다. 하나는 1812년의 나폴레옹 전쟁이고, 다른 하나는 제2차 세계대전 중 나치 독일에 맞섰던 독소 전쟁이다. 러시아는 이 두 전쟁의 승리를 특히 자랑스럽게 여겨 각각 '조국전쟁' '대조국전쟁'이라 부르는데, 수많은 예술 작품이 이 두 전쟁을 소재로 만들어졌다. 매년 5월 9일 '승리의 날'은 국경일로 지정되어 있으며, 온갖 군대 퍼레이드와 축하 공연으로 온 나라가 들썩일 정도다.

페테르부르크에서 가장 높은 기념물 역시 이 두 전쟁을 기념하는 기둥들이다. 먼저 1812년 조국전쟁의 승리를 기념하는 알렉산드르 원주는 궁전광장 중앙에 세워져 있으며, 1945년 대조국전쟁의 승리를 기념하는 영웅 도시 오벨리스크는 보스타니야 광장 한복판에 우뚝 솟아 있다. 보스타니야 광장은 모스크바와 페테르부르크를 오가는 기차역인 모스크바역 바로 앞에 있어 언제나 사람들로 붐비는 최고 번화가 중 하나다. 그 한가운데 우뚝 솟아있는 영웅 도시 오벨리스크는 독소 전쟁 승리 40주년을 기념하기 위해 1985년 설치

대조국전쟁을 기념하는 영웅 도시 오벨리스크

되었는데, 맨 꼭대기에 반짝이는 금색별이 매달려 있다.

이 별은 전쟁에서의 공훈을 인정해 국가가 하사한 최고 서열의 '영웅 훈장'이다. 그런데 이 훈장의 수령자는 용맹한 장군이나 지휘관도 아니고 이름 없이 죽어간 병사도 아닌, 레닌그라드 시다. 이 도시 전체가 영웅으로 인정받아 국가로부터 훈장을 받은 것이다. 공식 명칭은 '레닌그라드 영웅 도시'.

'영웅 도시' 칭호는 독소 전쟁 중 나치 독일군에 맞서 장렬히 싸운 소련 내 12개 도시에 특별히 부여된 이름인데, 그중 최초로 이 칭호를 받은 도시가 바로 페테르부르크(당시 이름은 레닌그라드)이다. 실제로 레닌그라드는 독소 전쟁 중 가장 길고 참혹한 공격으로 고통받은 도시이며 동시에 인간의 한계를 넘어서는 위대한 의지를 보여준 도시이기도 하다.

히틀러의 배신과 스탈린의 무능

독소 전쟁과 그로 인한 처참한 희생은 히틀러와 스탈린이라는 역사상 최악의 리더들이 만들어낸 결과물이었다. 먼저 뒤통수를 친 것은 히틀러였다. 제1차 세계대전과 두 차례의 혁명, 그리고 적군과 백군의 내전까지 끊이지 않는 전쟁에 지칠 대로 지친 소련은 1939년 독일과 '독소 불가침 조약'을 맺고 서로 침략하지 않겠다는 약속을 받아냈다. 그러나 그런 국가 차원의 조약도 전 유럽을 정복하고자 하는 히틀러의 야망을 멈출 수는 없었다. 1941년 6월, 나치는 선전포고도 없이 소련의 국경을 넘어 기습 공격을 펼쳤다.

예상치 않았던 히틀러의 배신에 스탈린은 너무 충격을 받아 한동안 앓아누울 정도였다고 한다. 전쟁 초반, 아무 준비도 없이 작전에 투입된 소련군은 맹렬한 기세로 밀고 들어오는 독일군에게 속수무책으로 당할 수밖에 없었고, 히틀러의 예상대로 전쟁은 겨울 전에 금방 끝날 것처럼 보였다.

전쟁 초반 소련군 참패의 상당 부분은 스탈린의 오판과 독선에 책임이 있었다. 전쟁이 일어나기 직전까지 스탈린은 이른바 '대숙청' 기간 동안 자신에게 위협적이라 생각되는 소련 군대의 엘리트 장교, 혁명 영웅, 고위급 군인들을 모두 제거했던 것이다. 스탈린의 대숙청 대상은 정치인, 지식인, 예술가, 과학자 할 것 없이 모든 분야를 아우르고 있었지만, 그중에서도 특히 군인과 장교들이 핵심이었다. 전쟁의 한복판에서 목숨 걸고 싸웠던 엘리트 장교들, 맨손으로 혁명을 이룩한 볼셰비키의 영웅들이 하나둘 자취를 감추었고, 85명이었던 군대장 중 57명이 숙청으로 사라졌다. 이들의 죄목은 주로 스파이 활동이나 반국가 행위였는데, 대부분 자신도 모르는 죄목으로 유죄 판결을 받곤 했다.

이렇듯 명장들이 모두 사라진 상태에서 급습을 받은 소련 군대가 참패를 거듭하는 것은 어찌 보면 당연한 일이었다. 승패는 이미 결정된 듯 보였다. 하지만 여기서 다시 한번, 가끔씩 폭발하는 러시아인들의 정신력이 힘을 발휘했다. 이미 혁명과 내전, 굶주림과 대숙청으로 피폐할 대로 피폐한 상태였음에도 불구하고 조국이 위기에 처하자 사람들은 똘똘 뭉치기 시작했다. 스탈린의 공포정치에 대한 원망과 두려움은 잠시 접어둔 채, 조국을 지키겠다는 신념으로 무장한 인민들이 전장으로 달려갔고 이들 중에는 여성과 노인, 갓 사춘기에 접어든 아이들도 있었다. 이렇듯 전열을 가다듬은 소련군의 대반격으로 전세는 뒤바뀌기 시작했고, 스탈린그라드 전투, 쿠르스크 전투 등 몇몇 전환점이 된 전투를 거치며 결국 1945년 5월 8일, 독일의 무조건 항복으로 전쟁이 끝났다.

독소 전쟁은 단일 규모로는 역사상 최대 규모로 손꼽히는 전쟁이다. 1941년부터 45년까지 약 4년간 소련의 거의 모든 영토가 참혹한 전장으로 변했고, 셀 수 없이 많은 병사들이 사망했다. 그리고 이 참혹했던 4년 동안, 거의 처음부터 끝까지 누구의 도움도 받지 못한 채, 홀로 독일군의 포위와 포격을 견디어낸 한 도시가 있었으니 바로 900일간의 봉쇄를 이겨낸 레닌그라드이다.

역사상 가장 참혹했던 900일

1941년 9월 독일군이 레닌그라드를 봉쇄했다. 그들은 도시의 기간 시설을 파괴한 뒤 모든 음식과 연료 공급을 차단했고, 이미 그것으로 충분했다. 영하 40도에 달하는 맹추위 속에 전기도 수도도 없이 식료품마저 끊긴 이 도시는 사람이 살 수 있는 곳이 아니었다. 히틀러는 총탄을 아끼기 위해 더 이상 공격도 하지 않고, 그냥 기다렸다. 점령은 시간문제처럼 보였고, 승리를 확신한 히틀러는 축하파티를 위한 초대장을 미리 인쇄하기까지 했다. 레닌그라드의 유서 깊

900일간 봉쇄된 레닌그라드

은 아스토리아 호텔에서 파티를 열고 싶었던 히틀러는 폭격기 조종사들에게 그 호텔은 건드리지 말라고 명령을 내리기도 했다.

그러나 레닌그라드 시민들은 살아남았다. 아니, 사실 거의 죽어가고 있었지만 끝까지 항복하지 않았다. 처음에 그들은 배급으로 연명했지만 봉쇄로 인해 곧 끊기고 말았다. 도시의 개와 고양이, 비둘기와 쥐가 자취를 감추었다. 나무껍질이 모자라 벽지를 뜯어먹고, 신발 밑창과 허리띠를 끓이며 사람들은 허기와 싸웠다. 물은 얼음과 눈을 녹여 사용했고, 땅굴에 들어가 추위를 피했다. 길에는 굶어 죽은 사람, 얼어 죽은 사람의 시체가 아무렇지도 않게 놓여있고, 길을 걷다 픽픽 쓰러지는 사람들을 어디서나 볼 수 있었다. 때로는 죽은 시체를 먹는 일도 있었지만 아무도 그것에 대해 말하지 않았다.

레닌드라드 봉쇄 직후를 배경으로 하는 영화 <빈폴>을 보면,

병원에 누워있는 어른들이 작은 아이와 함께 노는 장면이 나온다. 아이와 친해지고 싶었던 어른들은 도화지에 동물 그림을 그리면서 아이에게 맞춰보라고 하는데, 아무리 쉽게 그리고 설명해 줘도 아이는 하나도 맞추지 못한다. "아니, 이것도 모르겠어? 이거 강아지잖아. 이건 야옹야옹 고양이고!" 참지 못하고 소리치는 한 어른에게 다른 어른이 조용히 말한다. "저 애는 태어나서 개나 고양이를 한 번도 본 적이 없어. 우리가 다 잡아먹었으니까." 순간 모두가 비통한 침묵에 젖어 드는 그 장면이 왠지 모르게 오랫동안 잊히지 않는다.

봉쇄는 900일, 정확하게는 872일 동안 이어졌다. 배고픔과 추위, 질병으로 레닌그라드 시민 3분의 1이 죽어갔지만, 여전히 레닌그라드는 항복하지 않았다. 도시 북쪽 라도가 호수가 꽁꽁 얼자 그 위에 가느다란 길을 내어 썰매로 병자를 옮기고 식량과 물자를 실어 날랐다. 그들은 이 실낱같은 '생명의 길'에 의지해 몇 년을 더 버티었고, 1944년 독일군은 결국 포위를 풀고 물러났다. 종전 후 스탈린은 레닌그라드에 가장 먼저 '영웅 도시' 칭호를 수여했다. 역사상 가장 참혹하고 격렬했던 포위를 이겨낸 데 대한 경의의 표시였다. 지금도 봉쇄 해제일이 되면 페테르부르크는 거리마다 찬란한 별이 달린 붉은빛 휘장을 펄럭인다. 고통의 기억과 영광이 함께하는 이 날의 주인공은 바로 이 도시 자신이다.

인간은 무엇으로 사는가

레닌그라드 봉쇄가 유명한 이유는 단지 참혹한 상황을 오랫동안 버텨냈기 때문만은 아니다. 이 지옥보다 못한 조건 속에서도 사람들은 인간다움을 지키면서 단순한 '생존'이 아닌 '삶'을 이어나가고 있었다. 추위와 배고픔으로 도시의 반 이상이 죽어가는 상황에서도 도서관은 여전히 문을 열었고, 사람들은 열람실에서 책을 펴놓은 채 굶어 죽었다.

성 이삭 성당 근처에 있는 바빌로프 식물산업연구소는 소련의 세계적인 식량학자인 바빌로프와 그의 동료들이 러시아의 기근을 없애기 위해 전 세계 25만 종이 넘는 씨앗을 수집하고 연구한 곳이다. 독소 전쟁이 일어나기 직전, 바빌로프는 스탈린의 숙청으로 사형을 선고받았고 감옥에서 아사했다. 하지만 그가 사라진 뒤에도 그의 동료들은 연구소에서 종자를 지켰다. 극도의 추위와 굶주림 속에서 그들은 차례로 쓰러졌지만 아무도 책상 위의 완두콩이나 귀리, 감자 씨 표본을 먹을 생각은 하지 않았다. 결국 봉쇄가 풀린 뒤 연구소가 다시 문을 열었을 때, 연구원들은 대부분 죽었지만 바빌로프의 종자 표본에서는 쌀 한 톨 사라지지 않았다고 한다.

그뿐만 아니다. 도시의 3분의 1이 죽어가는 상황에서도 극장은 문을 닫지 않았다. 사람들은 해골처럼 해쓱해진 얼굴로 극장과 음악회를 찾았고, 쇼스타코비치는 이러한 상황 속에서 교향곡 7번 <레닌그라드>를 완성했다(<레닌그라드> 교향곡에 관해서는 이 책의 3장을 참조). 지금도 전쟁 역사 박물관이나 레닌그라드 봉쇄 박물관에 가면 이 시기 상연되었던 연극이나 연주회 시간을 알리는 포스터와 간이 티켓, 간이 무대 사진이 걸려 있어 당시에도 이 도시가 여전히 문화적으로 기능하고 있었음을 확인할 수 있다. 심지어 이 시기 동안 몇몇 연극과 음악의 세계 초연이 이뤄지기도 했다니 놀라움을 금할 수 없다.

매일 정기적인 공습으로 도시가 파괴되고 사람들이 기아로 죽어 나가는 속에서 이들에게 예술은 무엇이었을까. '아니, 당장 오늘 먹을 것도 없어 죽겠는데 공연이 웬 말이냐' 싶기도 하지만, 다른 한편으로는 바로 그런 상황이었기에 그들에게는 어느 때보다 예술이 절실하게 필요했을 거란 생각도 든다. 적어도 그 음악을 듣는 순간,

해마다 봉쇄 해제일에 거리를 장식하는 영웅 도시 휘장

그 공연을 보는 순간만큼은 그들 역시 참혹한 현실 대신 잊고 있던 인간적인 감정을 떠올릴 수 있었을 테니까 말이다. 봉쇄 기간 동안 이 도시에서 펼쳐진 끈질긴 문화예술 활동은 과연 사람은 무엇으로 사는가에 대한 새삼스러운 질문을 던지게 한다.

이처럼 봉쇄 속의 레닌그라드를 진정한 영웅 도시로 만든 것은, 포탄도 탱크도 아니라 어떤 상황에서도 인간다움을 잃지 않고 삶의 존엄을 지키고자 했던 시민들의 신념이었다. 그들 한 명 한 명의 의지가 이 도시를, 끔찍한 파국의 무대가 아니라 고통과 영광이 공존하는 비극적 영웅으로 만든 것이다.

참고도서

『가면무도회』 레르몬토프 저/박선진 역, **지식을만드는지식**

『가면의 진실』 이진아 저, **태학사**

『나타샤 댄스』 올랜도 파이지스 저/채계병 역, **이카루스 미디어**

『독소전쟁사』 데이비드 글랜츠, 조너선 하우스 공저/권도승, 남창우, 윤시원 공역, **열린책들**

『라스푸틴』 조지프 푸어만 저/양병찬 역, **생각의힘**

『러시아 미술사』 이진숙 저, **민음in**

『러시아 혁명사』 김학준 저, **문학과지성사**

『레닌』 로버트 서비스 저/김남섭 역, **교양인**

『레퀴엠』 안나 아흐마토바 외/석영중 역, **고려대학교 출판부**

『레프 도진과 말리 드라마 극장』 마리아 셰프초바 저/심정순,김동욱 공역, **동인**

『로마노프 왕조의 군주들』 김용환 저, **인문과교양**

『매핑 도스토옙스키』 석영중 저, **열린책들**

『바빌로프』 피터 프링글 저, 서순승 역, **휴머니스트**

『백야 외』 표도르 도스토옙스키 저/석영중 외 역, **열린책들**

『불멸의 무용가들』 이덕희 저, **작가정신**

『뻬쩨르부르그 이야기』 고골 저/조주관 역, **민음사**

『시대의 소음』 줄리언 반스 저/송은주 역, **다산책방**

『아폴로의 천사들』 제니퍼 호먼스 저/정은지 역, **까치글방**

『주인공 없는 서사시』 안나 아흐마토바 저/조주관 역, **새미**

『증언: 드미트리 쇼스타코비치 회고록』 솔로몬 볼코프 편/김병화 역, **온다프레스**

『차이콥스키』 음악지우사 편/음악세계 옮김, **음악세계**

『카바레』 리사 아피냐네시 저/강수정 역, **에코리브르**

『코스모스: 가능한 세계들』 앤 드루얀 저/김명남 역, **사이언스북스**

『20세기 러시아 연극연출사』 전정옥 저, **연극과인간**

사진출처

* 아래 목록 이외의 사진자료는 저자와 저자의 지인이 직접 찍은 것이다.

67p. Ilya Repin, Public domain, via Wikimedia Commons
https://commons.wikimedia.org/wiki/File:Sadko.jpg

70p. Boris Grigoriev, Public domain, via Wikimedia Commons
https://commons.wikimedia.org/wiki/File:Grigoriev_Meyerkhold.jpg

123p. Vladimir Borovikovsky, Public domain, via Wikimedia Commons
https://commons.wikimedia.org/wiki/File:Emperor_Paul_I_of_Russia.png

142p. Unknown author, Public domain, via Wikimedia Commons
https://commons.wikimedia.org/wiki/File:Rasputin_PA.jpg

148p. Unknown author, Public domain, via Wikimedia Commons
https://commons.wikimedia.org/wiki/File:Shestviye_u_Narvskikh_vorot.jpg

149p. Unknown author, Public domain, via Wikimedia Commons
https://commons.wikimedia.org/wiki/File:Armed_soldiers_carry_a_banner_reading_%27Commu nism%27,_Nikolskaya_street,_Moscow,_October_1917.jpg

158p. Photo of photo by Lvova, Public domain, via Wikimedia Commons
https://commons.wikimedia.org/wiki/File:Opasna_eta_storona.jpg

일러두기

문학 작품은 『 』, 신문과 잡지는 「 」, 공연, 전시, 음악, 영화의 작품명은 < >로 표시했다.